都市停车

《都市停车》编委会 编

中国建筑工业出版社

图书在版编目（CIP）数据

都市停车 1/《都市停车》编委会编.—北京：中国建筑工业出版社，2014.5
ISBN 978-7-112-16701-2

Ⅰ.① 都… Ⅱ.① 都… Ⅲ.① 城市-存车-研究-中国 Ⅳ.① U491.7

中国版本图书馆CIP数据核字（2014）第068860号

责任编辑：王 磊 田启铭
书籍设计：张悟静
责任校对：张 颖 刘梦然

编辑 《都市停车》北京建工华文工作室	主 编 蔡华民	《都市停车》北京建工华文工作室
策划 中工国城科技（北京）有限公司	副 主 编 吴海燕 李秀敏	地址 北京市西城区展览馆路12号
出版 中国建筑工业出版社	王锐英 刘海峰	金泰华云写字楼B座209
	执行主编 张秀媛	邮编 100044
支持单位	编 辑 蔡一蕾 张 平	电话 88386973
国际静态交通委员会	段文志 陈伟伟	网站 www.sinourban.cn
北京停车协会	陈 蘅 王 石	稿件 jghw@sinourban.cn
中国建筑图书馆		
北京建筑大学土木工程学院		

都市停车 1

《都市停车》编委会 编

*

中国建筑工业出版社出版、发行（北京西郊百万庄）
各地新华书店、建筑书店经销
北京锋尚制版有限公司制版
北京方嘉彩色印刷有限责任公司印刷

*

开本：880×1230毫米 1/16 印张：6 字数：150千字
2014年6月第一版 2014年6月第一次印刷
定价：38.00元
ISBN 978-7-112-16701-2
（25513）

版权所有 翻印必究

如有印装质量问题，可寄本社退换
（邮政编码100037）

《都市停车》编委会

编委会主任

段里仁 \ 北京市人民政府专家顾问交通组成员，长安大学教授

刘桂生 \ 北京市市政工程设计研究总院院长，教授级高级工程师，工程勘察设计大师

马　林 \ 住房和城乡建设部城市交通工程技术中心副主任，教授级高级工程师

编委会委员（按姓氏笔画排序）

王锐英 (北京建筑大学教授，图书馆馆长)

朱晓宁 (北京交通大学交通运输学院副院长，教授，博士生导师)

刘　鹏 (北京紫光百会科技有限公司总经理)

刘海峰 (北京中工招标代理有限公司总经理)

闫连元 (北京市公联公路联络线有限责任公司总经理助理)

关宏志 (北京工业大学建筑工程学院副院长，教授，博士生导师)

安　实 (哈尔滨工业大学管理学院教授，博士生导师)

李秀敏 (北京市城市规划设计研究院教授级高级工程师)

李学伟 (大连交通大学校长，教授，博士生导师)

杨正兵 (北京金水桥工程技术咨询有限公司总经理)

杨兆升 (吉林大学交通学院教授，博士生导师)

杨晓光 (同济大学交通学院教授，博士生导师)

吴海燕 (北京建筑大学国际教育学院院长，教授)

宋晓梅 (北京市规划委员会房山分局博士)

张秀媛 (北京交通大学交通运输学院副教授)

张晓东 (北京市城市规划设计研究院高级工程师)

陆化普 (清华大学交通研究所所长，教授，博士生导师)

於　昊 (南京市城市与交通规划设计研究院有限责任公司副总经理，教授级高级规划师，南京市交通运输协会副秘书长)

柳昌江 (北京市海安停车管理有限责任公司总经理)

郭虎亮 (北京万象国纪投资有限公司董事长，北京停车行业协会秘书长)

黄元琳 (美国Softlogistics LLC公司总经理，博士)

康泽泉 (北京华源亿泊停车管理有限公司总经理)

梁康之 (美国华盛顿交通运输部资深专家)

戴继锋 (中国城市规划设计研究院城市交通专业研究院副院长)

前 言

《都市停车》以城市停车为主题，从城市文化、城市发展的角度探讨停车政策、停车规划、停车设施建设和管理对城市的影响。《都市停车》是在多年来从事停车政策研究、规划设计、咨询管理、数据分析管理等基础上创办的，集政策性、权威性、学术性于一体，是了解城市停车规划建设管理政策、动态、信息的重要渠道，是开展停车规划建设管理理论与实践交流、研讨的平台。

《都市停车》由中工国城科技（北京）有限公司策划，在国际静态交通委员会、北京停车协会、中国建筑图书馆、北京建筑大学等单位支持下，广邀业内专家组成编委会和工作室。《都市停车》主要栏目有主题专栏、专项研究、学者论坛、人物访谈、都市观察、停车资讯等；内容包括：城市发展战略与停车政策、停车规划、停车设备与新技术、安全与环境、停车管理与控制、停车技术培训与会议信息，以及学术论文、科研报告或者设计技术成果，国内外停车领域先进理论技术和各地成功经验的 推广介绍，城市停车从宏观微观各个层面问题的思考与建议等。

《都市停车》以倡导发展停车产业，改善城市环境为宗旨，宣传党和国家关于城市停车事业的方针政策，交流城市停车行业改革与发展的经验，沟通国内外城市停车的信息，反映城市停车领域的发展动态，成为政府与企业沟通的桥梁和反映城市停车领域发展状况的窗口，促进行业技术进步。

北京建工华文工作室

目 录

主题专栏

停车管理的基本理念与国际经验／段里仁／06

典型国际大城市路内停车管理综述及对北京的借鉴／郭彧鑫／12

香港机动车发展与停车管理的剖析／刘荣强／16

基于站台容量的城市轨道交通站内客流量管理／刘狄／22

专项研究

北京市停车规划发展对策研究／张晓东　李爽／28

轨道交通站点P&R方式选择概率模型研究／吴海燕　蔡雅彤　孙芳芳／34

学者论坛

利用无忧停车平台解决城市停车难／刘鹏　刘阳／43

关于城市停车空间的路权主体及分配研究／王锐英／48

Nested-Logit模型在地铁站点交通方式衔接中的应用／相福至　吴海燕／53

人物访谈

北京紫光百会科技有限公司总经理刘鹏专访／蔡一蕾／62

都市观察

北京市轨道交通站点停车换乘满意度研究——以天通苑北站为例／郭彧鑫　孙芳芳／66

滨海旅游城市停车规划技术方法研究——以三亚市停车专项规划为例／戴继锋　杜恒　陈仲／74

重点发展新城——顺义停车车位预测实证研究／杨正兵　高颖寰／81

基于居民意愿的停车改造及其综合评价——以方庄居住区为例／张秀媛／86

停车资讯

主题专栏

停车管理的基本理念与国际经验

□ 段里仁

□ 摘要

国内外城市交通历史证明,停车问题是交通拥堵的症结之一。管理不善的停车会占据大量的路面、人行道,挤占了大量的生活空间。公交优先成为解决世界大城市交通问题的共识,但公交系统的吸引力不仅与地面公交和轨道交通的服务质量改善有关,更与公交进行换乘的自行车交通和步行交通的通行环境密切联系。本文通过对我国停车的问题,提出了停车管理基本理念。借助国际经验进行分析与总结,分析出停车问题要解决好的关键在于:停车要有法,停车要收费,停车要有位,停车要有人管,停车要强化路权观念,停车才有序,停车业才能兴旺。

□ 关键词

交通拥堵;停车管理理念;国际停车经验

1 问题的提出

国内外城市交通历史证明,停车问题是交通拥堵的症结之一。管理不善的停车会占据大量的路面、人行道,挤占大量的生活空间。公交优先成为解决世界大城市交通问题的共识,但公交系统的吸引力不仅与地面公交和轨道交通的服务质量改善有关,更与公交进行换乘的自行车交通和步行交通的通行环境密切联系。在我国的很多城市,由于机动车的乱停放给自行车交通和步行交通造成了极大安全隐患和不便,降低了公交的吸引力,从而刺激小汽车交通的增长,加剧了城市的交通拥堵。

只有解决好停车管理问题,道路才能得到有效利用。停车问题不解决,修再多的路对缓解交通拥堵也无济于事。实际上,不论是在发达国家还是发展中国家,停车问题一直是影响道路通行的长期而持续的难题。不论是工业发达国家还是发展中国家,在小汽车快速增长的阶段都会受到停车问题的困扰。图1为英国伦敦20世纪50年代的交叉路口乱停车导致交通几乎瘫痪。图2为20世纪90年代的泰国曼谷火车站广场,由于停车乱造成路段上严重的交通拥堵。

我国城市停车无序、乱占道现象突出,主干

道、次干道甚至是支路都无一幸免。以北京市前毛家湾胡同为例,在不到600 m的胡同里,车主们为了停车方便,私自安装地锁达80余个,可以形象地称为"圈地停车运动"(见图3)。乱停车不但造成胡同道路通行能力低下,车辆行人通行困难,而且影响了社区的宜居环境(见图4),影响了社区内邻里关系的和谐。

如果这种现象任其发展下去,停车何时才能有序,停车产业何时才能兴旺发达?究其原因:是因为没有法吗?物权法对公权与私权有明确规定。是因为没有管理部门吗?城管、市政管委和街道办等诸多部门都可以管。是因为没有办法吗?国内外这方面有很多的办法和经验。因此,问题的关键在于对停车管理需要有正确的指导理念,将停车管理作为缓解城市交通拥堵和城市精神文明建设的极其重要的措施,从系统的角度出发,通过法律法规的完善、政策的制定实施、先进停车技术的运用,以及综合的持续的治理,实现停车问题的有效好转。

2 停车管理的基本理念

2.1 停车要有"法"

只有具备相应的停车管理法律法规,停车管理和执法才能做到有法可依。多年来,人们普遍认为停车乱、乱停车的原因在于停车位不足,因此,关于要规划和建设停车场的呼声愈来愈高:呼吁有关部门要建设停车场,呼吁建筑物要配建停车位,等等。但是,效果甚微。到了20世纪90年代,尽管一些公共建筑物增设了停车场地,但大都挪作他用。由此可以看出,停车要有位,有"法"是关键。停车问题的彻底解决必须有完善的停车管理法律法规为保障。

2.2 停车要"收费"

道路是公有资源,占用道路资源停车,理所

1	
2	3
4	

图1 乱停车造成路口拥堵(伦敦,1950年)
图2 乱停车造成的路段拥堵(曼谷,1997年)
图3 胡同里的圈地停车(北京,2008年)
图4 胡同里的交通拥堵(北京,2008年)

当然要收费,就是要由无偿停车变为有偿停车。历史证明,任何国家、任何城市的停车乱、乱停车以及没有停车场地和立法迟钝、管理不严等等,其主要根源在于可以无偿或低价占用作为公有资源的道路停车。

在工业发达国家,自汽车大量进入家庭后在半个世纪之内一直存在着停车乱、乱停车问题,直到20世纪50年代中期由于大量的交通拥堵才开始引起足够的重视,认识到停车占用道路资源必须收费。由于将道路无偿使用的观念转变为有偿使用,尽管车辆几十倍的增长,但停车难、难停车和停车乱的问题应该说还是解决得比较好的。

在停车收费上应符合"路内高于路外，地上高于地下，白天高于夜间"的逻辑；只有摆正停车违章罚款费率、路上停车费率与路外停车费率的逻辑关系，才能发展路外停车产业。

在美国纽约，路上停车收费每小时在20美元左右，路侧停车楼里为3~10美元每小时，针对停车违法罚款的金额远远高于收费：停车超时罚款50美元，违章停车罚款120美元，违章停车拖走180~200美元。纽约市每年停车违章罚款总额达4亿美元，平均每辆车罚款200美元。在费率上，遵循停车违章罚款额大于路上停车计时收费，路上停车计时收费高于路外停车计时收费的原则。

2.3 应有管理机制和政策支持

停车管理是一个复杂的系统工程，应该建立健全相应的管理机制，需要有固定的机构、人员，而且必须付出坚持不懈的努力。要让停车业进入市场，在政策上给予支持，让停车业成为一种朝阳产业。当停车业进入市场后，供需活跃，一些多余地面、库房的业主会加入停车业，一些不景气的产业会加入停车业，这样既解决了乱停车问题，腾出了路面，有利于交通通畅，又促进了很多停车企业的发展，创造了就业机会。

3 停车管理的国际经验

3.1 巴西库里蒂巴市的停车管理经验

从巴西库里蒂巴市的经验来看，要解决城市中的停车难、难停车和停车乱的问题，就要把停车问题视为一个复杂的社会系统工程，从观念上入手，改变不符合这个社会系统工程规律和特性的传统观念。库里蒂巴市长认为，城市道路是市政府资源，也是市民的资源，如何利用好十分重要。

1. 规范化、人性化的停车位施划原则

在不影响交通的前提下尽量施划路侧停车位，但规划停车位必须遵守以下原则：① 交通繁忙路段尽量不设停车位；② 交叉路口尽量不设停车位（见图5）；③ 一些公共设施原没有停车场地，可设临时停车位；④ 以人为本，必须照顾病人（见图6）。

2. 专门的人员管理，合理的停车收费原则

在巴西库里蒂巴，停车需要购买停车票。停车票，在零售店随时可以买到，停车票分月、日、时、分。在停车时，在停车票上划上停车起始时间，每次一张，放在车上的前挡风玻璃上（见图7）。在路内停车费用相对较高（7元巴西币每小时，约合人民币49元每小时），而且停车时间受限制。如果停车超时，则有停车管理大队的停车小姐前来罚款（要罚5~6倍）（见图8）。在路外停车费用相对较低（2元巴西币每小时，约合人民币14元每小时），相当于路上停车费的

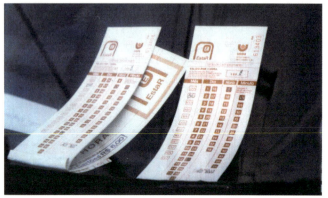

5 | 6 图5 路口及其附近禁止停车（库里蒂巴，1998年）
7   图6 药房前设置不收费的临时停车位（库里蒂巴，1998年）
      图7 车辆前挡玻璃上的停车票（库里蒂巴，1998年）

1/3，费率差促使驾驶人在路外寻找停车位。商家从停车需求中看到商机，便将路侧的一些空地或经营不善的店面开发出来用于停车，自然而然地增加了停车位的供给（见图9和图10）。

3.2 日本东京的停车管理经验

1．相对完善的停车法律法规

日本与道路交通相关的法律中，都涉及明确的关于停车的条款。比如：1951年颁布的《道路运输法》明确规定了"汽车运输与汽车保管"；1950年颁布的《建筑基准法》提到"建筑物（居住、商业、工业、文化、办公用房）必须设停车场、停车库"；1952年通过的《道路法》明确指出"停车场作为道路的附属物，是道路的一部分。""停车场内一切设施建设必须通过道路管理者允许""停车必须收费"。其他还有《停车场设计施工指南》、《道路交通法》、《城市规划法》等法律，无一例外都提到停车场规划、建设或管理的重要性（见图11）。

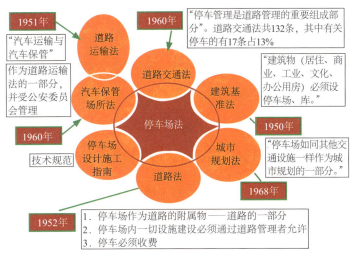

图11　日本的停车场系列法规构成示意图

1950年制定的"建筑基准法"规定建筑物必须配建停车场、库。1960年制定的《汽车保管场所法》规定"个人购车必须自备停车位"。如果家里没有停车位，必须在2km以内租停车位，否则不能上路。在日本，停车泊位证不仅仅是一张纸，而是实实在在的一个自己的停车位，一般都有自己的名字（见图12和图13）。

2．停车地区差别化收费

在日本，私人车位（停车场），街边、广场等公共用地停车通常都要支付较高的停车费。停车费的设置标准因地而异，实行地区差别化收费

图8　管理人员在停车超时执法（库里蒂巴，1998年）
图9　由汽车修理厂改建的停车场（库里蒂巴，1998年）
图10　由餐馆改建的停车场（库里蒂巴，1998年）

图12　车辆停放在自己家中（日本，1998年）

图13　每个停车位对应有车位主人的名字（日本，1998年）

（见图14~图17）。距离车站由近及远，每日停车费从1400日元至4000日元不等，约合人民币116元至330元。高昂的停车费用，促使人们在选择出行方式时尽量选择公共交通出行，有效减少了小汽车在市中心区域的出行总量。

3. 通过市场配置增加停车位供给

停车业进入市场，停车场地问题可以得到较好的解决。提供场地的个人或者企业能够从停车位带来收益，人们便主动将一些私家的空间开辟为停车场。图18为街角的私人停车场，搭建立体化停车位，共有四个车位，如果用于出租，月收入能达到16万日元，相当于一个刚毕业大学生的工资，能够带来不错的收益。图19是在街角空地搭建起来的由停车架所构成的简易停车楼，极大地提高了停车容量。

4. 持续不间断的停车管理

停车管理是一项需要付出长期努力的工程。日本从20世纪70年代开始"扫垃圾运动"（规范路内停车，大力整顿乱停车）。图20为1969年日本浅草桥一条道路上的停车情况。从图中可以看出，支路上双边都停满了汽车，自行车只有在机动车道上骑行，跟当前我国城市一些道路上的停车情况差不多。即使到20世纪90年代，街道上仍有乱停车现象（见图21）。经过40年的努力，在路面上有专业的队伍对停车秩序进行不间断的管理（见图22），才有今天的停车基本有序。停车不占用公共路面已经成为人们的一种习惯，就连垃圾袋也不放在道路上（见图23）。

图18　街角开辟的四个停车位（东京，1995年）

14 | 15
16 | 17

图14　离车站较远，全天停车费1400日元
图15　离车站稍远，全天停车费1800日元
图16　离车站稍近，全天停车费2200日元
图17　离车站最近，全天停车费4000日元

图19　街角空地的停车楼（东京，1995年）

图20　20世纪60年代的日本街道上的停车（东京，1960年）

图21　20世纪90年代日本街道上的停车（东京，1997年）

图22　东京街道上的停车监视员（日本，2010年）

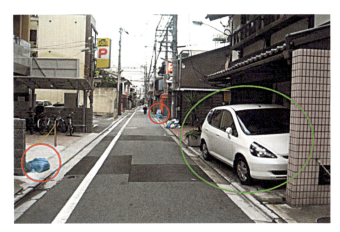

图23　支路车辆停车入位（日本，2005年）

4　结束语

国外的停车经验说明停车问题要解决好的关键在于：停车要有法，停车要收费，停车要有位，停车要有人管，停车要强化路权观念，停车才有序，停车业才能兴旺。正确的理念是实现良好城市停车管理的根本出路，强化停车管理是城市缓解交通拥堵的重要对策。

参考文献：

[1] 张菁.交通社会：如何处理好城市交通的十大关系[J].《综合运输》，2010（9）：（82-88）.
[2] 段里仁.北京交通拥堵是可以缓解的——北京缓堵对策部分解读[R].北京市交通委员会报告会，2011.
[3] 段里仁，毛力增.从交通文化角度看荷兰绿色交通发展的启示[J].《综合运输》，2011（10）：（76-80）.
[4] 段里仁.关于"停车管理"若干问题的研究与讨论[R].武汉交通工程学会2008年交通论坛，2008.

典型国际大城市路内停车管理综述及对北京的借鉴

□ 郭彧鑫

□ 摘要

随着机动车数量的快速增长，北京市停车设施的建设相对滞后，远不能满足停车需求。路内停车作为停车系统必不可少的一部分，也是缓解城市停车难问题的重要手段之一，但停车问题主要应由建筑配建和公共停车场来解决。尤其在道路交通压力也很大的情况下，如何定位路内停车，怎样更好地发挥路内停车的作用，有必要对国外大城市及中国香港特区路内停车政策和措施的发展历程进行剖析，从中学习与借鉴有益的经验。

纽约、新加坡、首尔和香港等大都市都先后经历了严重交通拥堵时期，经过多年努力，通过完善政策、法律和法规，建立良性的建设机制以及制定有效管理措施等综合途径，使其停车发展逐步迈入良性、健康发展轨迹。对于路内停车有着各自独特的政策和管理措施。本文通过对国外大城市及中国香港特区路内停车政策的研究，为北京停车管理提供经验。

□ 关键词

停车需求；路内停车；停车政策；咪表

1 引言

截至2013年3月，北京市机动车保有量为520万辆，全市共有停车位153万，其中路内停车34万。与飞速增长的机动车数量相比，北京的停车设施建设却相对滞后，远远满足不了停车需求。解决停车问题尤其是如何定位路内停车、更好发挥其应有的作用，是当前停车位配建暂时无法满足需求的过渡阶段大家关注的热点。

2 路内停车

路内停车是城市整体停车设施的重要组成部分，是缓解城市停车问题的重要手段之一，路内停车泊位的有效管理对城市交通状况乃至城市的发展都有重要影响。

2.1 概念

路内停车场是指在道路用地控制线（红线）内划定的供车辆停放的场地，又可分为路上停车

图1　城市道路上车辆随意停放

场和路边停车场两种形式。路上停车场是指在道路行车带上两侧或一侧，划出若干段带状路面供车辆停放的场地；路边停车场是指道路行车带以外的两边或一边路缘外侧（包括路肩、绿化带、人行道、高架桥及立交桥底）所布置的带状停放车辆场地。一般情况下，"路边停车"包含了"路上停车"的概念，因此通常又将路内停车场称为路边停车场。

路内停车由于利用道路空间资源来作为停车载体，因此和路外停车设施相比，它具有设置灵活简单、占空间少、方便直接、步行距离短的优点，同时还合理利用了道路的闲散资源。

2.2 定位和特征

停车特性是停车系统（包括停车者、停车设施、停放车辆以及三者组成的环境）运行状况的反应，体现的是停车系统运行的内在规律。路内停车带与路外停车场停车特性表现出很大的差异。

办公业务、餐饮娱乐和以接送为目的的停车主要采用路内停车，而以工作、购物为目的停车仅少数采用路内停车；路内停车者最关注的因素是安全，其次是步行距离，第三是收费；路内停车要求的步行距离比路外停车短，这与路内停车要求步行距离短和方便性的特性是一致的；路内停车的高峰时段一般出现在路段交通流的平峰时段，且其周转率明显高于路外停车场的周转率。

2.3 问题

目前，北京由于停车设施供需矛盾十分突出，路内停车的合理定位和管理成为控制关键。路内停车管理不力容易造成停车秩序混乱，主要存在以下两个问题：

一是停车设施占用率高，泊位周转率低。北美国家的路内停车泊位周转率为3.8车次/天，其中咪表停车泊位周转率为5.5车次/天。在欧洲免费路内停车泊位的平均停车时间为4.5h，周转率为2.24车次/天；而路内咪表停车泊位的平均停车时间为1.6h，周转率为5.62车次/天。而我国城市路内停车平均停放时间普遍过长，泊位的周转率低。路内停车资源被过度利用。

二是违法停车现象严重。违法路内停车给城市道路管理带来了诸多问题，例如双向停车会降低道路通行能力、延误公共汽车运行时间、给骑行者和行人带来危险；社会车辆违法在公共汽车站停放，迫使公共汽车停靠在行车道上；还有车辆违章停车占用消防通道等问题，都严重影响了市民的生活便利和安全。

为更好地解决以上问题，对国外发达国家的交通管理政策和措施的借鉴就显得尤为重要。

3 国外大城市经验借鉴

国内外的城市停车设施模式主要分为路外停车场库和路内占道停车两种。国外一般以路外停车为主，以建筑物配建停车设施为主，对于占道停车采取限制措施。对于美国、加拿大等北美国家的统计表明：路外停车在北美50万人口以上的大城市占75%以上，在100万人口以上的特大城市占85%以上。

3.1 美国纽约

在纽约路边停车是市政府设立和管理的，对停车地点、时段、时限和收费标准，都做了严格的规定。一般在纽约市商业区及主要街道，随处可见停车计时器（咪表），供开车人短时间停车使用，通常最多可停两小时。如超过规定时间还没有将车开走，巡视的管理人员就会将罚单贴在车窗上。路边停车的收费标准也根据地段不同而各有差异：市中心繁华地带一般为每小时1至2美元或更高，而在不太繁华的地方1小时收费为25美分。

美国的路内停车以咪表停车为主要停车方式。咪表（见图2）是一个停车限时装置，通常一个咪表管理一个车位。其意义是按分钟计时收费来管理临时占道停车泊位，提醒人们在此泊位停车时缩短办事的时间，尽快把车开走，以提高停车泊位利用率。减少等待停车的排队车辆。降低由于停车而附加的道路交通量。

纽约作为美国第一大城市，它的交通局管理着美国最大的咪表停车系统，1996年，纽约市引进了多功能停车收费咪表。多功能停车咪表比旧式的投币操作的金属停车咪表有更多的优势，包括便利的付费显示系统；减少人行道上不必要的障碍；提高同一路边停车位的停车能力；可以同时管理8个车位；接受信用卡支付；通过WiFi连接很容易远程重新编程来更新停车费或时间表；无机械运动部件，利用太阳能驱动，并能在星期天自动停止营业。现在，纽约拥有将近80800个路边停车位，遍布5个区（见图3），其中54000路边停车位的支付方式是多功能咪表（8500个）和管理单一车位的旧式咪表（27000个）。

3.2 新加坡

新加坡对路边停车泊位有严格的限制和管理。只设置在交通不繁忙的小路上，所有路边停车泊位都是由重建局划定，路边停车收费不比停车场高，在新加坡中心区的路边停车泊位每小时收取2新元（约合人民币10元），和新加坡政府投资修建的停车场收费一致，明显低于酒店等私人停车场的收费标准，而非中心区的路边停车泊位，每小时仅收取1新元。

新加坡的路边停车采用车主自行支付停车卷进行停车收费。这种停车券购买也很方便，市民可以在重建局的各个服务柜台、邮政局、指定加油站、便利店等场所购买到。停车券分为0.5元和1元的两种，且均为一次性的，用过作废。市民需要在路边停车泊位停车时，就提前估算好本次停车大概需要花费的时间，然后在车内挡风玻璃处放上相应价钱的停车券，以备查验。如果超出时间，就得重新再放。否则车主将会面临金钱以及扣分的重罚，由于罚金成本太高，所以没有人愿意冒险行事，法制观念在新加坡已深入人心。

图2 停车收费咪表

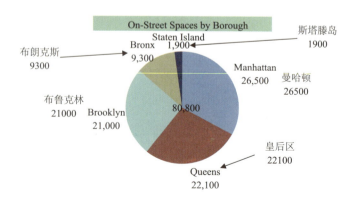

图3 纽约市交通局管理的路边停车位

4　我国香港经验借鉴

香港对于路内停车设置与管理上很值得借鉴。它的主要措施包括以下三方面：

（1）对中心区的停车需求进行限制，尤其控制路内停车。即对路内停车问题，香港当局在不妨碍交通的地点设置了路旁停车位，通常只有在地区干路及次要的道路，才会考虑提供路侧停车位。若街道以外的停车设施不足以应付需求，可在这些道路提供路侧停车位，但这些路侧停车位必须不阻碍该道路的交通流量。

（2）对全港路内停车位全部采用咪表管理，控制停车时间，提高使用效率。目前，香港共设有停车收费表车位18000个，并统一采用八达通停车咪表。为了令设有咪表的路旁停车位不会被长时间占用，电子停车咪表售卖的停车时间以十五分钟为一个单位(停车时间单位)进行刷卡缴费。并对总的停车时间进行限制，若超时停车将会受到高额罚款，这使得香港的咪表停车位实现了每天只有约15%的空置时间。

（3）香港的停车系统统一由政府的运输署宏观调控，然后再分别承包给私人进行经营。政府宏观调控内容包括规划、制定收费价格、对承包商监控等方面。例如，香港在咪表管理上就采取招标承包方式，将路边停车咪表的安装、维护等业务承包给企业管理，政府从经营者变为对承包者的监控者，保留听取民意确定咪表地点、咪表收费价格、利润率调节的控制权；在停车违法管理上，将处罚权交给了香港警务处的巡逻警察，各个片区的巡逻警察可以直接对于违停的车辆张贴罚款通知。这种停车管理措施取得了静态交通和动态交通秩序良好的效果，有效控制了车辆的增长和使用，抑制了中心区内不断增长的交通需求。

5　总结

对于路内停车，主要用于短时车辆停放。各城市对于路内停车政策和设施都是基于短时停车，高周转率。纽约、新加坡、香港对于路内停车都采取限制政策，对路内停车位数量进行控制，同时对于停车的管理也十分重视，使最大限度的发挥路内停车高周转率的优势，以缓解出行停车压力。新加坡的停车券政策可以作为参考和启迪，但这种半自主性交费方式并不适用于我国。咪表作为科学管理的产物，采用咪表收费对路内停车进行管理计时是实行停车规范化、保障道路畅通的有效手段。咪表的使用可以提高管理效率，同时节约人工成本。纽约和香港这两个国际大都市都有着先进的咪表技术和管理手段供我们学习。

如今，北京的路边也能看到一些咪表，但基本都处于废弃和未使用状态，而路内停车管理和收费主要以人工为主。咪表虽被引进却未走进人们的生活，但应该借鉴纽约和香港的成功例子，从停车管理方式、收费方法、违法处理等方面向智能化、高效化转变。采用咪表收费方式；改善路内停车管理条件；科学投入路内停车管理设施；政府宏观调控，停车设施私有化运营；加强宣传教育和法制辅助，增强市民规范停车意识。

参考文献：

[1] 北京市交通委员会运输管理局网站发布数据，2013-3-20.
[2] 刘辉石，何恒林.大中型城市路内停车经验及总结.中国科技博览第3期，2011-4.
[3] 吕北岳，张晓春.深圳市路内停车泊位设置研究.城市交通，2009-7.
[4] 张俊芳.北美大城市中心区停车设施的发展与规划.国外城市规划，1996.
[5] 中国交通技术网.
[6] 屠海鸣.上海停车难上难香港办法颇有效.沪港经济，2012-4.

香港机动车发展与停车管理的剖析

□ 刘荣强

□ 摘要

随着城市化和机动化水平的不断提升，停车供求关系的不平衡对城市的环境、交通、形态等各个方面造成负面影响。

香港作为一个国际化的发达城市，停车供求关系却相对平衡，这主要是前期做的机动车管理与停车问题一体化管理比较好，并且建立了以公共交通为主导的运输体系，两者相辅相成、动静协调，引导小汽车合理发展与使用，促进交通方式结构的优化调整。研究其发展进程对北京停车问题的解决有一定的参考意义。

□ 关键词

供求关系；一体化管理；停车需求

1 引言

随着社会经济的快速发展，城市化和机动化越来越明显。而旺盛的交通需求增长与城市交通基础设施的缓慢增长之间的矛盾，导致城市交通运输系统长期处于高负荷的运行状态。停车位缺乏作为这种非常态发展的结果，会对交通、环境、城市形态等各个方面带来影响，近年来停车问题已成为越来越多学者研究的课题。

据调查，中国大部分的城市或多或少都存在停车难的问题，例如北京2011年交管局一则新闻显示，全市停车位仅有250万个左右，城六区停车位与机动车之比仅为0.63:1，远低于国际通行（1.15~1.3):1的标准，特别是基本停车位缺口更大。而与此同时，香港作为国际性的大都市，却在停车问题上有着相对满意的供求关系。

停车问题并非独立的交通问题，头痛医头、脚痛医脚式的解决方法已经不能满足现今高速发展的机动化进程。作为整体交通结构的一部分，停车问题必须与其他各类问题相互调整、配合。

机动车管理与停车管理应该相辅相成：香港政府早在1976年就已提出要利用停车设施的提供和收费来控制私家车辆的拥有量，并且出台合理的停车管理手段配合控制小汽车的增长来调节停车供求关系的平衡。二者虽然相互独立，却又能够互相影响。

2 香港机动车发展与停车供求关系现状

香港是国际重要的金融、服务业及航运中心，是继纽约、伦敦之后世界第三大金融中心，是中西方文化交融的地方。香港约有人口717万人，总面积为1104.32km²，截止至2012年，香港人均GDP已经超过3万美元。对于这样一个人均面积不足200m²、经济水平高度发达的地区，停车问题却处理得相对合理妥善。

2.1 香港机动车发展现状

香港的经济水平处于世界前列，拥有一辆车本属易事。然而香港的机动车增长却一直处于缓慢的态势，图1为香港近年来机动车发展变化情况。数据显示：1989年，香港的机动车总量40万辆；截止到2010年，香港机动车总量仅仅不到70万辆，十年间的总增量约30万辆，年增长率仅仅约为2.6%左右。而相对于香港700万的人口而言，这个数字相当于香港每十多个人才拥有一辆车，若单单考虑私家车的数量，这个比例将进一步扩大至接近二十个人拥有一辆私家车。

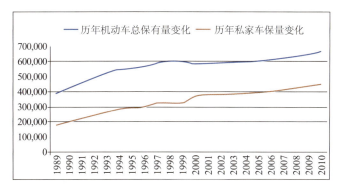

图1 香港机动车发展状况

2.2 香港停车供求关系现状

香港目前的停车位主要由以下三方组成：运输署辖下的多层停车场，香港房屋委员会于公共屋村、居屋屋苑、商场及工厂大厦设置的停车位，私人兴建的多层公众停车场及附设在私人发展区的公众停车场。而且，近年新兴建的停车场基本上均为私人兴建，政府只是作为监管方，保留听取民意和维护投资方利益的权利。

香港的居住区停车早在第一份停车需求预测中就已提到1994年若单单考虑住宅单位，私家车缺乏26000夜间泊车位，但将所有非住宅及路旁泊车位都一并计入，短缺情况则转变为剩余14100个泊车位，若将小型货车列作私家车，实际剩余93000个泊车位。通过停车位供应标准的调整，到了2000年，共有约82000个泊车位剩余，但在局部区域如中西区、元朗、北区、北大屿山有车位不足的情况。香港政府通过不断地更新配建标准，将泊车位的剩余情况逐渐调节为供需平衡。相对于居住区的停车状况而言，公众停车场及路旁停车位在近十年只是较小幅度增长，并且由于收费系统和罚款力度影响下，这些停车场基本达到一种高饱和的使用率。

相关统计数据显示，目前全香港私家车白天停车位有25万个，而需求量不过15.7万个；私家车夜间停车位有52.2万个，而需求不过43.9万个。这充分说明香港的停车供求关系已经达到一种低供应水平下的动态平衡状态。后文将结合香港在机动车控制和停车管理两方面来进行详细说明。

3 香港机动车控制

为了实现香港停车供求关系达到一种低供应水平下的动态平衡状态，香港政府一直严格控制机动车的发展速度，并以此作为主导工作，把停车管理作为辅助，使得香港的停车供求关系平衡。对于其机动车发展的影响因素主要分为四个方面：政策引导、收费昂贵、完善的公共交通系统、公车限制。

3.1 政策引导

香港虽然各项经济指标较高，但是机动车的保有量依然增长缓慢，这首先与香港政府的政策导向有关。香港对于私家车管理一直是限制政策，一般可分为限制拥有及限制使用两方面：限制拥有是控制车辆的数目，从而限制使用道路系统的车辆数，例如香港曾多次增加首次登记税及每年牌照费，导致几年之内的机动车保有量下降；限制使用是控制车辆使用的次数、地点及时间。

3.2 费用昂贵

香港普通人约一年的收入就够一辆普通家用轿车的裸车价格。不限购、不限行，但是香港的汽车消费却不温不火。这主要是因为香港开车有"4贵"，买车贵、隧道费贵、油费贵、停车费贵（见图2）。

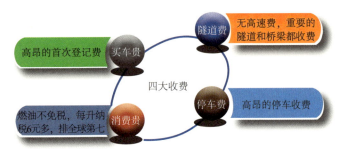

图2 香港人购车四大收费

1．买车贵

这里的买车贵并不是指汽车的裸车价格，而是指车辆承担的首次登记税。这种税是累进税制，15万元(港元，下同)以下部分，税率40%，15万元到20万元部分，税率75%，20万元到50万元部分，税率100%，高于50万元部分，税率115%。以内地常见约20万元的裸车，加税之后要31万元。

香港车辆首次登记税				表1
价格	15万以下	15万~20万	20万~50万	50万以上
税率	40%	75%	100%	115%

2．隧道费

香港没有高速公路费，但几条重要的隧道和桥梁都收费。所以，在香港可谓一动车就要交费。

3．燃油费

香港是自由港，商品免税进出，而作为世界上较大的购物天堂，燃油却不在免税之列。汽油每升纳税6元多。据2011年4月统计资料，香港油价在全球排名第7。

4．停车费

香港寸金尺土，除楼价昂贵外，停车位租金一样贵得惊人。一项调查显示，香港停车场泊车月费均价超过5800元，位列全球第三贵，更成为亚太区内最贵，这就使得香港的机动车发展一直保持缓慢的增长速度。

全球停车位租金前五名					表2
城市	伦敦市内	伦敦西郊	香港	东京	苏黎世
排名	1	2	3	4	5
平均泊车费（元）	7277	6813	5808	5101	4724

3.3 公共交通系统完善

对于这样一个国际化的大都市而言，出行需求自然很大，而其中有很多非刚性需求，从前面两小节可以得知，香港政府已然通过经济杠杆限制了这些不必要的非刚性购车及使车需求，因此港府通过大力发展公共交通系统来调整这部分需求。

截至目前，香港已经拥有多元化的公共交通系统，包括港铁、电车、专营巴士、公共小型巴士、的士、非专营公共巴士、缆车及渡轮等，服务范围几乎遍及全港。香港政府一直大力推行公共交通系统，早在1979年的首份运输政策白皮书上就已经开始推行改善和扩充公共交通服务以及公交优先政策，并且开始将地铁系统建设提上日程。

统计资料表明，香港700多万人口中，九成以公交出行。

图3 香港年平均每日公共交通乘客人次

从图3可以看出香港年平均每日公共交通乘客量基本上持平稳增长，近年来，已经达到每日1150万人次左右，其中轨道交通每日运载乘客419万人次，专营巴士每日接载乘客387万人次。

这主要得益于香港完备公共交通系统、方便快捷的换乘、低廉的费用以及迅捷的速度。目前，港铁共有9条市区及近郊路线、连接机场的路线、轻铁系统及缆车系统，在地铁、轻铁开通之时，与各个站点接驳的巴士也同时开通，确保附近居民能够顺利抵达地铁站。截至目前，已经开通拥有700余条路线的专营巴士以及为了应对乘客各类需求的非专营小巴和公共小型巴士。为了吸引市民选乘公共交通，香港还推出了各类换乘票价折扣优惠政策共计200余项。

3.4 公车限制

在统计中发现，香港的政府公务用车数量仅占总机动车数量的2%~3%左右，香港政府在购车上对公车有严格的限制。据统计，在2001年初，香港政府车辆总数约为7127辆（包括摩托车、救护车、消防车等特殊车辆），直至2010年底，总车数为6135辆。在近十年的统计中，公车数量不增反减，共计下降812辆。究其原因可总结为：严格的审核系统、严格的行车使用记录、公务人员的合理配置等。

4 停车管理

停车管理是一个系统工程，从一开始车位配建，到后期的调整以及车位的使用管理，都需要严格的考量，香港政府在这些方面都有值得其他城市借鉴之处。由于限制了小汽车的发展，使得港府更容易通过停车管理调控来使得车位物尽其用。

4.1 停车配建指标

停车位合理供给的根源就在于停车配建指标的设置。同各个城市一样，香港的《香港规划标准与准则》也对各类建筑设施的配建标准给出了严格的限定。但是与内地城市不同的是，香港建筑物配建停车位指标的规定，是由城市规划部门和香港运输署相互配合制定。并且香港运输署会每隔几年通过停车需求预测分析，对全市的车位供给关系进行从新判定，若之前设定的标准无法满足现状或造成停车设施浪费，将会从新修正香港停车配建指标，使停车设施供需之间达到一种低供应水平下的动态平衡。

4.2 停车需求管理

香港政府经常检讨昂贵的土地用于停车场建设的必要性，故通常每隔几年进行一次系统的停车需求与管理研究，不断对停车政策进行调整，并提出相应措施，减少公共财政投于少数机动车拥有者，限制在市中心区大量修建停车设施。需求分析的基本流程如图4所示：

图4 香港停车需求预测分析流程

4.3 停车位管理

1. 合理的使用管理

（1）香港早在20世纪80年代也曾遭遇过停车难的问题，不过后期在政府的主导下，兴建了14个多层停车场，共提供约7600个停车位。多层停车场的出现不仅节省了昂贵的土地成本，同时也满足了停车基本需求。

（2）香港政府充分利用闲置土地。对于很多尚未规划或者已规划但尚未实施的土地，港府能够建立临时停车场以应对停车需求。

（3）香港政府能够充分利用学校、政府中的停车场在闲置时间供私家车停放，即所谓的"错时停车"。据统计，香港政府提供给私家车的停车位数量约1087左右。

（4）在举办大型活动之前，港府会通过各类传媒向驾驶者发布禁停通知，若违例，则拖走车辆并给予高额罚款单。

2．路旁停车位的合理利用

和很多内地城市不同，香港的路旁停车位在白天仅仅是为了满足临时停车需求。据统计截至目前，香港路边停车已安装咪表系统1.8万个，并设定繁华市区每15分钟收费2港元，较偏僻的地方每30分钟收费2港元。为了令设有咪表的路旁停车位不会遭长时间占用，电子停车咪表售卖的停车时间以十五分钟为一个单位，并对总的停车时间进行限制，若超时停车将会受到高额罚款，这使得香港的咪表停车位实现了每天只有约15%的空置时间。过了午夜之后，这些路边停车位将停止收费，以满足私家车夜间停车需求。

3．运营管理模式

在停车设施的建设与经营方面，香港政府鼓励民营化。政府在保留对收费价格、利润率调节的控制权基础上，由经营变为监控承包者。并且对经营方式不干预、不补贴，在利润税收政策上给予优惠。其民营化目标是:确保使用者合理交费，享受一定水平的服务，而且保证经营者和投资者有利可图，提高经营和投资方的积极性。

5　结语

对于大部分的城市而言，除了出租车外，大部分的机动车停在路上的时间要远大于行驶在路上的时间，而动态交通的建设却相比静态交通之下更受重视。我们常常看到占据路边大部分非机动车道的机动车停车位，使得本来很宽的道路变得拥挤，这样长久以来便会形成恶性循环。

解决静态交通问题，不是单单提高停车位的问题，它既是社会问题、经济问题同时也是管理问题。香港政府一直认为机动车控制与停车管理是相辅相成的，一方面通过限制小汽车增长来使停车供需更容易达到平衡，另一方面通过调整停车管理来控制机动车的增长。

对于大部分城市而言，限制小汽车发展已经逐渐提上日程，并且出台了符合城市特色的政策手段，在此不作过多讨论。而针对香港的停车管理方面，其中有很多值得其他城市学习和借鉴的地方。

首先是配建指标的修订，应该由规划部门和运输管理部门共同完成，实现资源共享。为了实现配建标准的即时更正，香港政府每隔几年便会进行停车需求预测分析，将不合理的配建指标即时修正。

其次，合理利用路边停车位，在白天仅仅作为临时停车位的使用，并采用咪表收费系统进行严格的停车时间限制，违者将予以重罚。在夜间，路边停车位满足私家车夜间停车，实现物尽其用。与此同时，香港的错时停车方法，将闲置的车位供私家车停放使用，也能真正有效地提高停车位的使用率。

此外，香港的公共交通系统十分发达，这也给了其他城市一个启示：在交通管理上，应该以优化城市公共交通优先战略为主导，引导市民选择更高效的交通方式。

参考文献：

[1] 北京市公安局公安交通管理局. 北京拟规定：停车占道费全额上缴财政[EB]. http://www.bjjtgl.gov.cn/publish/portal0/tab89/info27427.htm, 2011-09-19.

[2] 香港运输署. 香港整体运输第一次研究报告[R]. 香港：交通运输调查组，1976.

[3] 香港政府统计处. 香港统计年刊[R]. 香港：政府统计处，2012-11-29.

[4] 布政司署环境科. 保持水路运输畅通-香港内部交通政策白皮书[R]. 香港：布政司署环境科，1979-5.

[5] 佚名. 九成香港市民选择公交出行[J]. 山西老年，2009-1:63.

[6] 布政司署环境科. 迈向二十一世纪-香港运输政策白皮书[R]. 香港：布政司署环境科，1990-1.

[7] 屠海鸣. 上海停车难上难香港办法颇有效[J]. 沪港经济，2012-4：14-15.

[8] 佚名. 部分国家及地区停车政策[N], 中国汽车报，2003，3(4):7.

基于站台容量的城市轨道交通站内客流量管理

□ 刘 狄

□ 摘要

城市轨道交通站是城市轨道交通路网中的重要节点，高效、安全的客流运输是体现城市轨道交通快捷、便利功效的有力保障，随着高峰期轨道交通客流量的不断增加，站台拥挤日益严重，高峰时段客流量管理成为控制客流的重要手段之一。本文通过对北京市典型地铁站站台客流数据调查分析，提出车站站台容量的概念并根据到发车间隔计算站台客流量，据此决定客流管理措施，不仅为车站的建设、规划也为相关部门应对车站不同客流情况采取的管理措施提供了理论依据。

□ 关键词

城市轨道交通站；站台容量；客流量管理

1 引言

现阶段，发展城市轨道交通已成为我国大力发展公共交通政策的主要措施之一，大力发展城市轨道交通不仅能缓解城市交通拥挤，还能提升城市竞争力。然而，城市轨道交通在成为老百姓日常生活不可或缺的重要部分的同时，也成为了城市客流最密集的地方之一。乘客在车站内聚集、拥挤的现象时有出现，在客流量较大的早晚高峰时段，乘客在车站内不能及时疏散、发生拥堵，使得乘客安全隐患增加，极易诱发突发性事件、出现意外事故，影响城市轨道交通大运量、快速、便捷等优势的充分发挥。本文以城市轨道交通站内部客流为研究对象，运用交通运输工程学的基本原理，在研究城市轨道交通站站台容量的基础上，结合到发车间隔，提出车站内部客流量管理措施；并在充分调查的基础上，选取北京市典型地铁换乘站为实例进行计算、分析，为今后的城市轨道交通换乘站的规划、设计和研究提供参考。

国外学者对轨道交通的研究多是通过仿真手段，对车站内行人的拥挤程度进行评价，并广泛应用到新建车站的设计和对现有车站的改建和安全审查中。这些研究以分析乘客流的速度、流量和密度之间的关系为基础的，并且是针对国外实际情况和特定区域，其参数的标定等并不完全适应我国的具体情况。

国内对城市轨道交通车站的研究还处于起步阶段。北京交通大学的张弛清研究城市轨道交通枢纽内乘客宏观和微观交通特性，建立枢纽内通道、楼梯处的速度-密度关系的交通流模型，提出不城市轨道交通枢纽内交通设施的服务水平等级划分方法。长安大学的付玲玲考虑了各个具体设施在不同情况下的设计方法和标准，但未考虑枢纽站内各设施之间的运能匹配和协调性方面问题。

现阶段国内外对于城市轨道交通车站的研究都基于车站内的某一单个设施或是车站的客流特性，尚没有将设施容量和客流管理相结合，以车站整体客流为研究对象研究车站的客流量管理问题。本文从总体出发，研究基于站台容纳能力的车站客流管理措施，为将来城市轨道交通车站的建设、规划和管理提供理论依据。

2 基于站台容量的城市轨道交通站内部客流量管理

2.1 站台容纳能力分析

城市轨道交通站站台的容纳能力是影响、制约整个车站客流量的一个重要指标，站台容纳能力是站台上乘客人数的极限值，如果站台上的乘客人数超出了站台容纳能力，那就极易引发危险情况。选取城市轨道交通中最简单的侧式站台为例，分析城市轨道交通站的站台乘客人数随列车到站、离站的变化情况，如式（1）和图1所示。

式中，列车停靠站时间段上、下车乘客人数和不同设施的服务容量等在文献《城市轨道交通换乘站内部换乘客流量研究》中有更为详细研究。

$$m = \begin{cases} m_1 = m_0 + Q_{t下} - Q_{t上} \\ m_2 = m_1 - (Q_s + Q_e + Q_p) \times \dfrac{(t_m - t_s)}{60} \end{cases} \quad (1)$$

式中 m_1 —— 列车停靠站时间段内站台乘客人数，人；

m_2 —— 一趟列车离站至下一趟列车到站时间段内站台乘客人数，人；

m_0 —— 站台原有乘客人数，人；

$Q_{t上}$ —— 列车停靠站时间段下车乘客人数，人；

$Q_{t下}$ —— 列车停靠站时间段内上车乘客人数，人；

Q_s —— 与站台相连的楼梯服务客流量，人/h；

Q_e —— 与站台相连的自动扶梯服务客流量，人/h；

Q_p —— 与站台相连的通道服务客流量，人/h；

t_m —— 列车平均发车间隔，min；

t_s —— 列车停靠站时间，min。

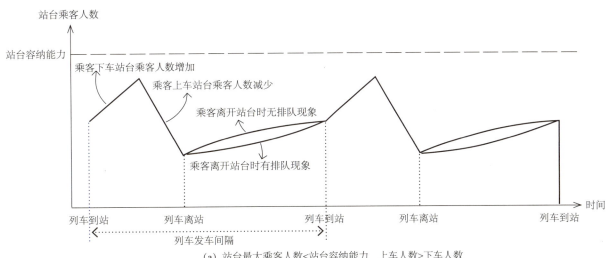

(a) 站台最大乘客人数<站台容纳能力　上车人数>下车人数

图1　城市轨道交通站内站台乘客人数随列车到站、离站变化图（一）

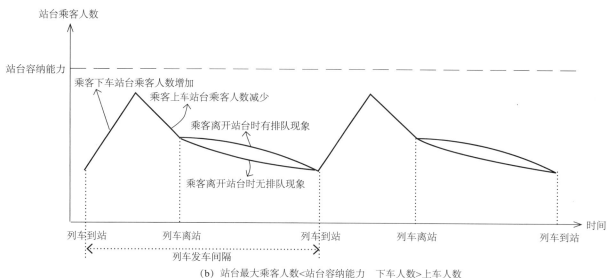

(b) 站台最大乘客人数<站台容纳能力 下车人数>上车人数

图1 城市轨道交通站内站台乘客人数随列车到站、离站变化图（二）

一趟列车到站后，乘客下车，站台上的乘客人数迅速增加，到达最大值，随着乘客上车、站台上的乘客人数减少，列车离站后，随着站台上的乘客由楼梯、自动扶梯、通道等与站台相连设施离开站台，由于进站和换乘的等待上车乘客进入站台，站台上乘客人数又开始上升，直到下一趟列车到站。如此往复，站台上的乘客人数就表现出了周期性和随列车到站、离站的激变性。

2.2 站台客流量管理理论

站台容纳能力不仅要保证能满足上、下列车的乘客需求，还应与其相连的楼梯、自动扶梯的通行能力相匹配，使得站台瞬时增加的乘客能在短时间内能尽快疏散。列车到站后，乘客下车、经由与站台相连的楼梯、自动扶梯、通道等换乘设施离开站台。站台上乘客人数经历了先增加后减少的过程，这个过程经历时间的长短则与其相连设施的服务客流量有关。

在规划、设计阶段，应保证与站台相连的设施在列车到站的时间间隔内将站台上聚集的乘客都疏散出站，以及远期客流量增加、发生紧急情况时的紧急疏散等情况。而对于已经建成的车站，乘客人数超出站台容纳能力时，必须采取相关的运营管理措施，控制站台上的乘客人数，减少换乘站内大量乘客聚集所带来的安全隐患。如图2所示，当换乘站内等待上车的乘客人数不断增加超出站台容纳能力时，就应缩短发车间隔或限制客流进站，使乘客随着不断到站、离站的列车离开换乘站、减少站台上的乘客人数；当列车到站所带来的大量下车乘客超出站台容纳能力时，就应采取增加发车间隔或是甩站等措施，控制站台上的乘客人数的增加。

目前，对于城市轨道交通最常使用的客流量管理措施是改变发车间隔、限制客流进站、甩站三大措施。采取缩短发车间隔措施，能在短时间内运送更多的乘客、提高运输效率，但是在采取此措施之前必须考虑线路上的各车站的站台能否容纳列车到达的下车乘客和等候上车的乘客总数，以及站台上的楼梯、自动扶梯等设施能否保证在缩短的发车间隔内通过激增的客流，如果不能，就不能采取此措施，否则极易出现危险。限制客流进站和甩站措施是防止大量乘客突然涌入地铁站，给换乘站尤其是站台带来极大的客流压力而采取的措施，此措施虽然保证了地铁站内的局部安全，但是给换乘站的站厅和地面交通带来

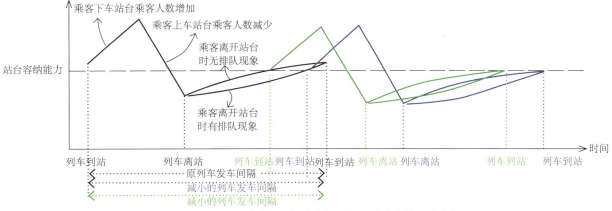

(a) 站台最大乘客人数<站台容纳能力　上车人数>下车人数

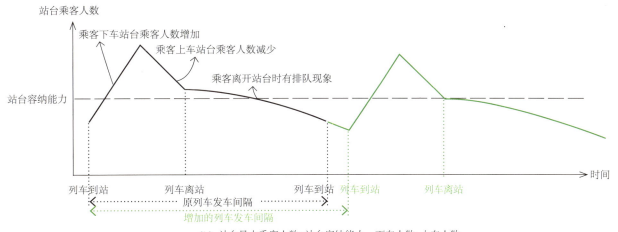

(b) 站台最大乘客人数<站台容纳能力　下车人数>上车人数

图2　不同措施下城市轨道交通换乘站内站台乘客人数随列车到站、离站变化图

了巨大压力，大量乘客在站厅和换乘站附近聚集也极易出现危险情况。随着城市轨道交通线路地不断建设和完善，选择公共交通出行的居民越来越多，尤其是在重大节日或是地面交通限行管制时，城市轨道交通的客流量会出现激增，为此，相关部门必须采取相关的管理措施，尤其是对客流量大、客流密集、易产生瓶颈的车站采取控制措施，以保证地铁快速、高效的运行。然而，这些管理措施的制定和运用必须在分析各个换乘站的具体站台情况和客流情况后再作决定，不能随便、盲目地采取一些办法，否则只能适得其反，出现拥挤、踩踏的危险情况。对于正在规划、设计的城市轨道交通站，不仅应充分考虑将来客流量增长和各种突发情况，还应考虑站台的服务能力是否能满足今后增长的客流需求并应对各种突发事件。

3　案例分析

本文选取北京市典型轨道交通站——复兴门站为例，对其进行定量分析，计算站台客流情况。本文中相关基础数据通过实地观察，选取客流量大、易形成客流高峰的工作日早高峰时段（7：00~9：00），使用人工计数和视频录像两种方式进行采集。

3.1　复兴门站基本情况

复兴门站地处市区中心，人流密集，是北京

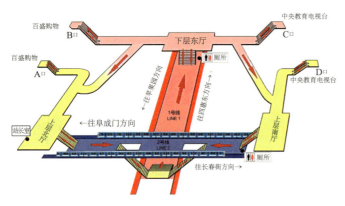

图3 复兴门站结构图

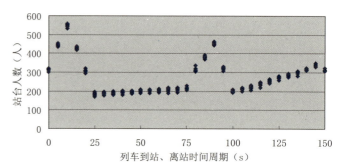

图4 复兴门站地铁1号线工作日早高峰时段站台乘客人数变化图

地铁1号线与2号线的换乘车站，集散、换乘作用明显，具有极强的代表性。复兴门站的布局模式是"T"型，如图3所示，地铁1号线和2号线站台均采用岛式站台，长130m、宽12.1m。地铁2号线在上层为南北走向，地铁1号线在下层为东西走向。地铁1号线和地铁2号线工作日早高峰时段的发车间隔分别为2.5min、3min。

3.2 复兴门站客流量分析

1. 站台数据分析

复兴门站地铁1号线、2号线站台容纳能力为2414人，通过对复兴门站地铁1号线、2号线工作日早高峰时段站台乘客人数的调查，得到站台乘客人数及其变化情况如下表1、图4、表2、图5所示：

复兴门站地铁1号线工作日早高峰时段列车
到站、离站时站台乘客人数　　　　　　　表1

开往不同方向列车到站、离站情况	间隔时间（s）	站台乘客人数（人）
苹果园方向列车到站	25	312
苹果园方向列车离站	50	180
四惠方向列车到站		216
四惠方向列车离站	25	200

复兴门站地铁2号线工作日早高峰时段列车到站、
离站时站台乘客人数　　　　　　　　　　表2

开往不同方向列车到站、离站情况	间隔时间（s）	站台乘客人数（人）
阜成门方向列车到站	45	288
阜成门方向列车离站		95
长椿街方向列车到站	45	192
长椿街方向列车离站	45	169

通过上述分析可以看出，复兴门站地铁1号线、地铁2号线高峰时段站台上最大乘客人数未超出站台容纳能力，即站台容纳能力满足当前乘客需求。一趟列车到站，乘客先下车后上车，在列车停靠站的短时间内，站台乘客人数先增加达到最大值后再减少，列车离站，站台乘客人数达到最小值，站台上的乘客通过楼梯离开站台的同时，等待下一趟列车的乘客不断进入站台，此时站台乘客人数又有所增加。从图4、图5中可以发现，在前一趟列车离站至后一趟列车到站的时间间隔里，站台上乘客人数并没有出现快速减少的过程，而是缓慢增加，这就表明下车乘客在通过与站台相连的楼梯离开站台时产生了排队现象，离开站台乘客人数相对进入站台乘客人数较小，随着排队现象的产生到消失，站台乘客人数增加的速度也是由慢到快。

复兴门站站台处的排队情况　　　　　　　　　　　　　　　　　　　　　　　表3

线路	行驶方向	列车平均发车间隔（s）	不同方向列车平均到站间隔（s）	排队中的最大延误时间（s）	平均排队延误时间（s）	最大排队乘客人数（人）	平均排队乘客人数（人）
地铁1号线	苹果园	150	75	24.2	12.1	84	42
	四惠	150		30.2	15.1	125	63
地铁2号线	阜成门	180	90	51.1	25.55	105	52
	长椿街	180		75.1	37.55	146	73

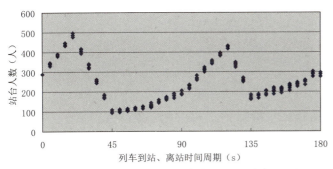

图5　复兴门换乘站地铁2号线工作日早高峰时段站台乘客人数变化图

2．排队情况分析

本文对复兴门换乘站站台处的排队情况进行研究，对比数据如表3所示。

上述计算也进一步验证了地铁1号线、2号线列车到站时会在地铁1号线站台端部楼梯和地铁2号线站台中央楼梯处产生客流排队、拥挤现象，与实际调查情况相符。但是由于排队中的最长延误时间、平均排队延误时间均小于一个同方向列车平均发车间隔和不同方向列车平均到站间隔，前一趟列车到站带来的客流所产生的拥挤现象在后一趟列车到站之前的时间间隔内能够消散，所以这种情况只是降低了车站的整体运营效率，并没有对车站整体运行产生恶劣影响，也没有对线路的运行造成影响，只是在短时间内出现了拥挤现象，随着客流量的减少，很快就消失了。在今后地铁站的设计和建设中，应充分考虑远期预测客流量的变化和与站台及其相连的设施的服务容量，以便能使站台满足将来城市轨道交通的发展和客流需求。但是，如果在计算得到的平均延误时间接近或大于一个发车间隔，就必须在客流量大的高峰时段采取相应的应急措施，如增加发车间隔、两个线路四个方向的列车分时段相间隔地甩站不停、限制进站口客流量等措施，以防止拥挤、踩踏等危险事件发生。

4　结论

通过以上研究分析可以看出，城市轨道交通站站台容量及其客流量情况是影响和制约整个轨道交通运营的关键点，也是轨道交通的运营管理和规划、设计的基础，只有车站客流量与站台容纳能力相匹配，才能保障城市轨道交通运行安全。

参考文献：

[1] http://ccvic.com/jiankang/jujiao/20100323/124822.shtml
[2] Demetsky, M.J.L.A.hoel. Transit Station Design Process. [J]. TRR. 1978, 662:45-52
[3] Bates, E.G. A Study of Passenger Transfer Facilities. [J].TRR. 1978, 732:23-43
[4] 张弛清.城市轨道交通枢纽乘客交通设施服务水平研究. [D].北京交通大学.2008
[5] 付玲玲.城市轨道交通枢纽站点间换乘设施设计研究. [D].西安：长安大学.2008
[6] 刘狄，吴海燕.城市轨道交通换乘站内部换乘客流量研究. [J].北京建筑工程学院学报.2010.03:54-55
[7] GB50157-2003.地铁设计规范.[S].2003
[8] 王波等.轨道交通换乘站换乘设施的平均方法研究. [J].都市快轨交通. 2007. 20(4):40-43
[9] National Research Council (NRC). Highway Capacity Manual. [M]. Washington, D.C:TRB.2000:243-431

专项研究

北京市停车规划发展对策研究

□ 张晓东　李 爽

□ 摘要

　　停车难是国内、外一些城市普遍面临的问题，对于机动车保有量已接近500万辆的北京市来说，停车供需矛盾尤为突出，不仅影响城市交通的效率，也影响居民日常生活的品质。本文通过分析北京市现状停车供需矛盾及症结，依据《北京城市总体规划（2004~2020年）》确定的停车发展战略，结合国际城市的先进经验，重点探讨有利于缓解当前北京市停车矛盾，且可以满足未来发展需要的停车规划对策。

□ 关键词

城市停车；停车问题；规划对策

1　引言

　　随着经济社会的迅速发展，北京市机动化进程不断加快，截至2010年底北京市机动车保有量已达到491万辆。与机动车保有量的快速增长相反，北京市停车设施却发展十分缓慢，停车设施与机动车保有量之间的供需比例进一步失衡，导致停车难、乱停车等一系列问题，严重影响了城市交通运行和居民生活环境。为此，有必要对停车设施规划建设过程中存在的问题进行梳理，并提出规划实施的对策及建议，以期缓解现状停车矛盾，达到改善城市静态交通环境的目的，进而促进城市动态交通出行环境的改善和居民生活品质的提升。

2　北京市现状停车供需矛盾与症结分析

2.1　现状供需矛盾

　　截至2011年5月底，北京市停车设施供给总量约为248万个。其中基本车位供给总量为160万个，出行车位供给总量为88.4万个。而2010年底北京市机动车保有量为491万辆，即停车设施的基本车位需求总量为491万个，据此分析，基本车位缺口超过总需求的50%以上。[1]

　　按照国际经验，出行车位需求为基本车位需求的10%~30%，据此估算北京市出行车位需求

---

[1] 注：数据来源：北京市运输管理局. 2011年北京市停车普查.

为50万~148万个。从北京市2011年停车普查数据看出，现状出行车位供给水平处于理论出行车位供给水平区间。但是，由于2009年北京市全日小汽车出行比例达34%，因此，出行车位需求的压力也非常大。

通过以上数据分析，北京市基本车位和出行车位的供给量都无法满足现实需求，停车设施供需矛盾十分突出，且停车管理不力，导致停车秩序十分混乱，侵占了道路、绿化、消防等公共空间，严重破坏了城市的生活环境（见图1）。

图1 停车设施不足而产生的停车混乱

2.2 停车供需矛盾的症结分析

1. 城市机动化水平增长超过规划预期

2011年以前，受国家汽车产业政策的影响，北京市对机动车拥有一直采取较为宽松的政策。同时，随着居民生活水平的不断提高，北京市机动车保有量呈跳跃式增长。2002~2010年间北京市机动车保有量年均增长率达13.4%，仅用了2.7年的时间机动车保有量就由300万辆增至400万辆，而到2010年底全市机动车保有量已接近总体规划中提出的2020年500万辆。

北京市2002~2010年机动车保有量情况　表1

年份	机动车拥有量（万辆）	年增长率
2002	176.5	–
2003	212.4	20.3%
2004	229.6	8.1%
2005	258.3	12.5%
2006	287.6	11.3%
2007	312.8	8.8%
2008	350.4	12.0%
2009	401.6	14.6%
2010	480	19.5%

2. 现行的配建指标未能满足当前的停车需求

虽然大型公共建筑和居住项目停车配建指标在逐步提高，但与机动车的增长速度相比，仍然无法满足停车需求，导致基本车位严重缺失。以居住类配建指标为例，在1994年以前，北京市机动化水平不高，未对居住类建筑停车设施配建提出具体要求；1994~2002年之间，对于居住项目提出了0.1个停车位/户的配建要求；2002年以来，根据居住项目的类型不同，提出了0.3~1.3个停车位/户的配建要求。

3. 交通出行结构不合理

随着小汽车拥有量的持续增加，小汽车出行比例也呈现明显的增长趋势，由2004年的28.1%上升到2009年底的34.0%。以小汽车交通方式为主导的交通结构必然产生对出行车位的大量需求，其中不乏有大量的通勤小汽车交通占用了出行车位，导致出行车位周转率低，成为第二基本车位，进而导致商务活动、购物、休闲、就医等弹性出行所需要的出行车位供给不足。

4. 公共停车设施建设滞后、管理不到位，未实现辅助功能

截至2010年底，北京市现状路外经营性公共停车场共计190处，受土地供给、建设资金、收益平衡等多方面因素影响，绝大部分停车场采取土地租赁的方式，属于临时路外公共停车场。北京市中心城规划社会公共停车场实测情况见图2。

图2 中心城规划社会公共停车场实现情况

3 国际经验借鉴

回溯交通发展的历史，发达国家的城市都曾经历过交通拥堵、停车供需矛盾突出等问题的困扰。一些国际发达城市经过多年努力，通过完善政策、法律和法规，建立良性的建设机制以及制定有效管理措施等综合途径，一方面促进停车需求的理性化，另一方面提升停车设施的利用效率，使其停车发展逐步迈入良性、健康发展轨迹。

3.1 政策、法规的完善性

美国明确政府在停车规划管理方面的主导作用，制订了《车辆法》、《建筑法》等通用法规。美国解决城市停车问题的主要途径如下：以区划条件及建筑法规细则为基础，将停车规划纳入城市总体规划，并在土地、资金等方面提供政策保障。此外，美国各主要城市还根据自身实际情况制定了相应的地方性政策与法规，确保法规实施具有更强的可操作性。

日本十分重视通过立法规范停车场建设与停车管理。自20世纪50年代机动车产量与保有量高速增长初期以来，相继出台了一系列政策法规，基本涵盖了停车规划建设与停车管理的全部内容。比如，《停车场法》、《机动车停车场所之确保法》、《机动车停车场所之确保法施行令》、《自动车保管场所之确保施行令》、《道路交通法规部分修订》及《确保车辆停车位相关法令部分修正》等。

3.2 积极推进建设社会公共停车场

美国明确了停车设施的公共属性，为规划、建设资金的筹集奠定了基础。为此，政府一方面可以利用年度基础设施资金投资建设停车设施；另一方面也可以发放停车税收债券来解决停车设施的建设资金问题，债券可以采用停车税收作抵押、出租土地等方法来解决。

日本采取激励政策鼓励私人兴建停车场，对于私人投资建设的停车场建设，政府将给予补助、实施税收优惠、采取鼓励停车发展的融资策略；对于政府投资兴建的停车场，可由私人公司承包，采用"商业原则"经营，提高投资与经营的积极性。此外，在资金和税收方面，提供利率低、周期长的贷款和1/3财政补助率，以及税收减免等方法；在容积率方面，可以获得容积率奖励。

3.3 需求管理与秩序管理并用

1. 停车需求管理

停车需求管理旨在通过控制停车供给的手段来积极引导机动车的合理使用，调节停车需求，进而缓解交通拥堵、节约土地资源、降低能源消耗和尾气排放。具体措施包括：停车设施总量控制（Parking Freezes）、路外停车最高配建标准、基于区域综合交通规划评价的停车供给总量、不同区域路外停车配建指标的差异化、公共交通社区（Transit Oriented District，TOD）停车供给总量削减、居住区与公共建筑的停车设施共享、办公类建筑与商业类建筑的停车设施共享、停车收费累进制、差异化的计费标准等。

2. 停车秩序管理

停车秩序管理旨在确保停车需求管理的有效实施和停车设施的合理利用。新加坡、东京、伦敦等通过罚款来处罚建设中随意减少配建规模；我国的台湾地区也通过严格的立法来杜绝停车设施挪作他用；美国、荷兰、法国及日本等国家通过严格执法与高额罚款等手段禁止车辆乱停乱放。

4 北京市停车规划策略

停车设施规划是城市总体规划中综合交通体系专项规划的内容之一，停车规划应符合城市总体规划和交通发展战略目标，应与城市机动车水平达到合理的动态平衡。

4.1 规划前提

机动车保有量是停车设施规划的重要前提，根据国际经验城市机动车停车位供给总量约为机动车保有量的1.1~1.3倍。根据2005年国务院批复的《北京城市总体规划（2004~2020年）》，2020年北京市机动车保有量为500万辆左右，而2010年底机动车保有量已经达到480万辆，接近北京总体规划提出的控制规模。为了落实本市城市总体规划，实现小客车数量合理、有序增长，有效缓解交通拥堵状况，2010年12月23日北京市人民政府出台了《北京市小客车数量调控暂行规定》。该暂行规定中要求："……本市实施小客车数量调控措施。小客车年度增长数量和配置比例由市交通行政主管部门会同市发展改革、公安交通、环境保护等相关行政主管部门，根据小客车需求状况和道路交通、环境承载能力合理确定，报市人民政府批准后向社会公布。"据此估算，2020年北京市机动车保有量将超过700万辆。

4.2 规划对象

根据停车设施的使用性质，北京市将停车设施划分为基本车位和出行车位两类（见图3）。

基本车位是指机动车拥有者应拥有的用于夜间泊车的固定停车车位，由居住区停车场、单位公车自用停车场以及运营客、货运企业车辆自用停车场提供。

出行车位是指机动车使用者出行到达目的地所需的停车车位，主要由大、中型公共建筑配建停车场、公用停车场、换乘（P+R）停车场提供。

4.3 规划对策

北京市停车设施规划应当与社会经济发展、交通发展政策、土地资源、历史文化名城保护等政策相协调。对于基本车位满足"一车一位"的停放需求，对于出行车位采取不同区位差别化的供给，实现"以静制动"。总的来讲，北京市停车位供给以建筑物配建为主、社会公共停车场为辅、路侧停车作为补充。

（1）对于基本车位来说，从事客货运输的企业或个体经营者都应满足"一车一位"的基本车位要求，且原则上不得借用公用停车设施弥补基本车位的不足；各单位公务车原则上要在本单位用地内解决基本车位问题，特殊情况下，可以租用公用停车设施；新建居住区要按停车指标同步配建基本停车位；已建居住区根据规划补建基本停车位或租用公共停车设施限时停车。

（2）对于出行车位，根据北京市城市发展的需要及不同阶段发展的特点，分区域制定停车对策。对于旧城，要通过控制停车场的规模，缓解道路交通过度拥挤的现象，保持一种低水平的平衡；对于交通繁忙地区，不提供充足的停车设施，同时采取必要的高额停车收费策略，用经济手段调节停车的需求与供给；道路交通产生、吸引较大的重点地区，近期增加适量的停车泊位，改变停车的混乱状况，使其有序化。远期，在满足重点地区客流出行、吸引的条件下，合理引导重点地区出行的交通方式结构，减少停车设施的供给；对于医院等有特殊需要的建筑，要规划修

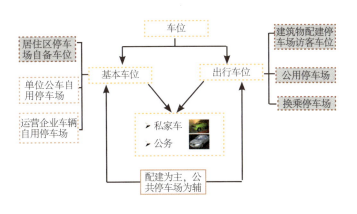

图3 停车设施供给方式框架分析图

建停车场，满足出行停车位的需求。

5 北京市停车规划对策与建议

总的来说，北京停车发展中出现的问题，是一个复杂的系统问题，是与一定的经济社会发展阶段紧密联系的，无法通过某项规划或某项措施来解决。基于北京当前现实条件和国际城市发展经验，结合北京市停车发展战略，从规划、管理、政策法规等几方面制定停车规划对策体系，从而达到缓解北京停车供需矛盾、改善停车秩序的目的（见图4）。

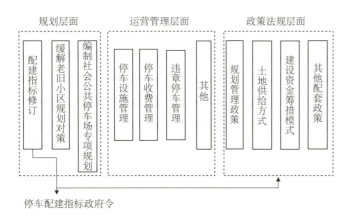

图4 缓解北京市停车矛盾的规划对策示意图

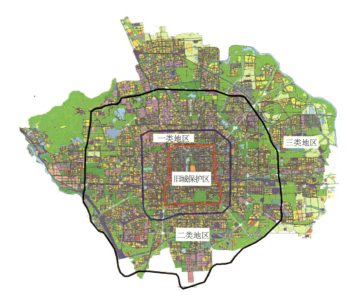

图5 北京市建筑物停车配建指标差别化区域划分

5.1 规划层面

1．公共建筑和居住项目停车配建指标修订

一是完善建筑物分类，扩大配建指标涵盖范围；二是提高居住配建指标，防止产生新的基本车位缺口；三是调整公建配建指标，遵循分区域差别化供给的原则，实现"以静制动"。

综合考虑交通需求特性、开发密度、路网容量等因素，北京市中心城划分为旧城保护区、一类地区、二类地区、三类地区，上述地区的配建指标采取差别化政策，由内向外逐步提高（见图5）。

2．老旧居住小区停车对策

解决老旧小区停车问题的对策主要有：一是节能挖潜，对于不同老旧小区要因地制宜，利用更新改造区的存量土地增设控制要求，综合利用土地，增加停车资源，例如：立体停车、利用绿地等空间建设停车位、车位施化方式优化调整等；二是资源共享，包括错峰停车和合作共建等方式，例如：写字楼与居住错峰停车，公交场站与社会公共停车场综合开发等。图6给出了解决老旧小区停车问题的普适性方法，适宜在北京市老旧小区内推广。

3．进一步完善社会公共停车场专项规划

解决停车场规划实现率低的主要途径如下：一是进一步完善社会公共停车场布局；二是结合中心城控规动态维护工作落实用地条件；三是统筹考虑现状停车供需矛盾和交通发展策略制定合理的近、远期实施方案。此外，对于停车矛盾突出的地区，不仅要满足出行车位的需求，还需要解决一部分停车矛盾突出的居住小区基本停车位需求。

5.2 运营管理层面

（1）鼓励差别化停车收费标准，同一区域的机动车停车场，停车收费价格按照"非居住区高于居住区、路内高于路外、地上高于地下、白天高于夜间"的原则确定。

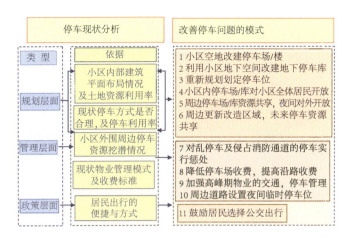

图6 老旧居住小区停车问题可推广的规划解决模式

（2）加强停车设施管理，不得将停车场挪为他用，对挪作他用的，经核实后，应依法处罚。

（3）加大停车秩序管理力度，规范停车行为，改善停车秩序。

（4）加强临时占道停车泊位管理，针对不同地区、不同环境、不同条件的道路差别化对待。

（5）加强出租车泊车位管理，在交通场站、商业街区、医院等公共场所应当按照相应的标准和规范设置出租汽车免费停车泊位等。

5.3 政策法规层面

（1）尽快修订"北京市大中型公共建筑停车场管理暂行规定（1989年北京市人民政府第14号，2004年北京市人民政府令第150号）"、"北京市居住公共服务设施规划设计指标（2006年北京市规划委员会）"等现行法规文件修订工作，同时提出停车规划的制定和管理相关规定，增加停车位建设和管理的强制性。

（2）按照"政府引导、政策支持、属地管理、业主自治"的模式，尽快出台相关配套政策，促进老旧小区停车节能挖潜和资源共享解决手段的实现。

（3）在社会公共停车场的土地供给方式、建设资金筹措模式、经营投资等方面制定优惠政策，促进社会公共停车场有序、健康发展。比如，可以将独立占地的为医院和停车供需矛盾突出的居住小区服务的社会公共停车场列为市政基础设施，采用政府划拨的形式提供土地。

（4）进一步落实公共交通优先发展相关配套政策。

通过停车设施总量控制（Parking Freezes）、路外停车最高配建标准、基于区域综合交通规划评价的停车供给总量等相关政策，引导居民选择公共交通方式出行，减少小汽车的使用。

此外，还应当在区域差别化停车收费、鼓励停车设施共享、停车设施运营管理等方面制定相关政策。

6 结语

当前，北京市停车供需矛盾十分严重，停车位缺口超过50%。为解决历史欠账问题，本文对导致供需矛盾的深层次原因进行分析，并在借鉴国际城市停车规划相关经验的基础上，结合北京市交通发展战略，在规划、运营管理、政策法规三个层面提出具体的规划对策和建议。总的来说，停车问题是一个复杂的社会问题，是与一定时期的经济社会发展阶段紧密联系的，无法通过某项规划或某项措施来解决，需要全社会的积极参与，共同促进停车系统的健康发展，营造良好的静态交通环境。

参考文献：

[1] 北京市规划委员会.北京城市总体规划（2004-2020年）.北京：北京市规划委员会.2004.
[2] 北京市城市规划设计研究院.北京方庄居住区机动车停车空间对策研究.北京：北京市城市规划设计研究院.2009.
[3] 北京市城市规划设计研究院.北京市中心城社会公共停车场现状问题及规划对策研究.北京：北京市城市规划设计研究院.2011.
[4] 北京市城市规划设计研究院.北京市居住区、大中型公共建筑停车配建指标研究.北京：北京市城市规划设计研究院.2011.

轨道交通站点P&R方式选择概率模型研究

□ 吴海燕　蔡雅彤　孙芳芳

□ 摘要

如何将北京市轨道交通各类停车换乘方式与实际情况相结合，发挥轨道交通的最大效用，是社会和专业人士都非常关注的问题。本文在介绍方式选择概率模型的理论基础和基本形式基础上，进行了问卷调查，构建、标定、检验了模型的基础数据。通过对调查结果的分类统计分析和P&R行为影响因素的量化分析，总结影响三类通勤者P&R方式选择的主要因素作为模型变量。最后采用SPSS16.0软件进行回归分析，对参数标定、检验，得出车换乘方式选择概率模型的结构形式，可用于轨道站点的换乘设计。

□ 关键词

停车换乘；轨道交通；P&R方式选择模型；北京市

停车换乘是一项引导小汽车向公共交通方式转换、减少人们对小汽车的依赖、提高轨道交通的利用率、缓解城市道路交通压力的有效措施，在国外大都市广泛采用。国外对P&R方式选择模型已有了全面深入的研究，但国情问题，其成果不能直接应用于国内；我国P&R设施的建设才刚刚起步，对于P&R的研究还处于逐步认识和探索阶段。如何引导北京等城市的通勤者选择P&R以及相关部门制定的关于P&R的政策对通勤者是否有效，即通勤者会以多大的概率选择P&R，非常需要量化分析工具的帮助。从上述需求出发，本文以北京市5个地铁站点通勤者调查信息为依据进行轨道交通站点P&R方式选择概率模型研究初探。

1 研究背景—北京市交通现状

1.1 北京市小汽车保有量增长迅速

北京市小汽车保有量增长迅速（见图1）是交通拥堵和停车难的主要影响因素之一，截止至2012年底北京市机动车保有量达520万辆，而交通拥堵问题已成痼疾，潮汐交通现象非常严重（见图2和图3）；与国际通行标准相比，北京市停车位缺口较大，对比见表1。

---

[1] 北京市"十二五"社科规划项目《北京轨道站点乘客换乘行为分析与交通组织优化研究》（12CSB005）

北京市机动车保有量、经营性机动车

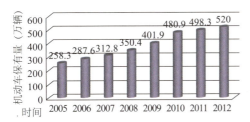

图1　北京市机动车保有量统计图
图2　北京市早高峰车流状况
图3　北京市晚高峰车流状况

停车场（位）统计表　　表1

年份	机动车保有量（万辆）	停车场数量（个）	停车位数量（万个）	机动车保有量与停车泊位总数之比(国际通行标准最低应为1：1.2)
2012	520	5770	152.3	1：0.29
2011	498.3	5787	147.1	1：0.3
2010	480.9	5471	139.4	1：0.29
2009	401.9	5247	127.8	1：0.32
2008	350.4	4920	111.2	1：0.32
2007	312.8	4847	107.4	1：0.34
2006	287.6	4510	94.8	1：0.33
2005	258.3	3521	71.8	1：0.28

1.2　北京市公共交通建设日趋完善

（1）截至2013年3月初，北京市轨道交通运营线路共计16条，有262个轨道交通站点，运营里程442km。

（2）2010年，以地面公交站点为中心，500m范围内的面积占六环内总面积的61.3%。

公交站点覆盖率（六环内）　　表2

范围	公交站点覆盖率（500m半径）
二环内	98.2%
三环内	97.6%
四环内	96.8%
五环内	85.2%
六环内	61.3%

数据来源：北京市第四次交通综合调查

（3）《北京市建设人文交通科技交通绿色交通行动计划(2009~2015年)》文件中给出2009年至2015年的主要目标和行动计划：

1）公共交通吸引力明显增强。中心城公共交通出行比例达45%。其中，高峰时段通勤出行中，公共交通分担比例达50%以上。轨道交通承担公共交通总客运量力争达50%左右；

2）五环路内轨道交通线网密度达每平方公里0.51km，平均步行1km即可到达轨道交通站点；

3）中心城90%乘客步行到最近公交车站的距离不超过500m。

（4）《北京城市轨道交通线网规划方案(2010~2020年)》和《北京市城市轨道交通建设规划方案(2011~2020年)》文件中指出：2020年四环路内站点覆盖率达95%（实现居民步行15min或自行车5min内到达一个地铁车站的目标），线网密度1.4km/km^2

（5）北京市逐年增加P&R停车场的修建。自《北京交通发展纲要（2004~2020年）》和《2004~2020年北京城市总体规划》提出通过积极发展停车换乘（P&R）系统来吸引个体交通向公共交通转移的策略至今，北京市于2007年在通州北苑站、天通苑北站、安河桥北站建设并开通P&R停车场，在2010年底随5条轨道新线一并建设的14个P&R停车场中共有7个随新线的开通投入使用。截至2011年11月，北京市有10个地铁站点处的P&R设施已建成并投入使用，具体分布情况见图4。

2005年，北京市结合轨道线网规划和公交线网规划，进行了P&R设施建设的规划方案。主要包括两部分：近期规划方案（2005~2010年）和远期规划方案（2011~2020年）。近期方案规划建设26个P&R停车场，规划建设约9100个停车位。其中16个P&R停车场建于轨道交通站点，10

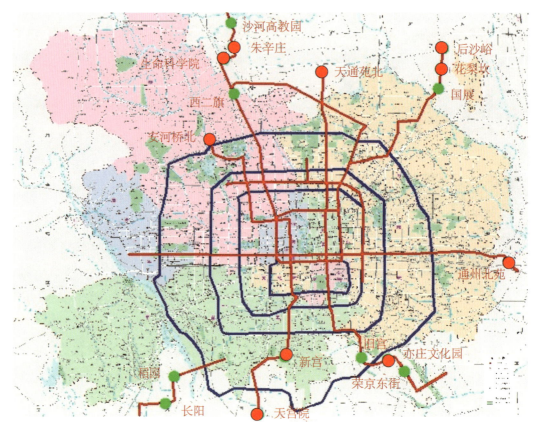

注：绿点代表2011年规划开通P&R的站点，红点代表实际开通P&R的站点。
图4　北京市P&R设施站点分布图

个P&R停车场建于公交站点，目前该规划已基本完成。远期方案规划建设22个P&R停车场，规划建设约7700个停车位。

通过现场调研，发现北京市已开通使用的P&R停车场的运营情况存在"冷热参半"的现象。即有些P&R停车场的停车位供不应求。例如，地铁5号线天通苑北站和地铁4号线安河桥北站的P&R停车场，均不能满足附近居民的停车换乘需求，导致站点周边乱停车现象严重，见图5和图6。而有些P&R停车场的停车位则正好相反。例如，地铁亦庄线亦庄文化园站和地铁昌平线生命科学院站的P&R停车场，"上座率"均较低，大部分停车位空闲，运营效果较差，见图7和图8。

图5　天通苑北站P&R停车场
图6　安河桥北站外P&R停车场
图7　亦庄文化园站P&R停车场
图8　生命科学园站P&R停车场

2 国内外P&R方式选择影响因素研究综述

国外学者对于P&R交通方式选择的影响因素相关研究起步较早，也很深入。国内学者在该方面的研究从2004年开始逐渐增多，分别通过不同角度和方式建立模型，表3显示，国内研究尚以探索性、小范围研究为主，在实际应用方面上尚未成型；另外，国内P&R停车场仍在大量建设过程中，需要更多的参考数据和分析模型做支撑。本文以RP（Revealed Preference）调查和SP（Stated Preference）调查、详细的影响因素数据对比分析为基础进行模型的标定和检验，确保了P&R方式选择概率模型的成立，为模型的下一步实际应用提供了有力支撑。

国内外学者关于P&R交通方式选择的影响因素研究　　　　表3

时间	作者	研究内容	结论
1998年	芝加哥的Peter J.Foote	芝加哥平日P&R使用者对潜在的公共交通出行选择研究	P&R选择者多是高收入者和高出行频率者，而且主要是与通勤相关的出行，选择P&R方式的主要原因有三点：P&R是最快的出行方式、出行目的地的停车费太高和不喜欢驾车
2000年	韩国的Young Jong Kwon，Young In Kwon	影响P&R设施有效利用的因素	影响P&R设施有效使用的因素可以概括为设施本身、与之相连的公共交通和其他因素三方面
2004年	荷兰的Ilona Bos	研究小汽车出行者对停车换乘方式选择行为，建立了精度较高的停车换乘行为模型	小汽车出行者对P&R设施的安全性最为关注，而对天气、出发时间等因素的关注度较低
2004年	北京工业大学关宏志课题组	北京市小汽车出行者对P&R方式选择行为的调查，重点分析了不同条件下用户的选择意向及特性	国内最早的实证研究，对我国城市发展P&R系统有借鉴价值
2005年	北京工业大学秦焕美	用最优尺度的分析方法对不同性别、年龄、职业、收入等群体的P&R选择意愿进行了分析	根据随机效用理论分平假日建立了P&R选择行为Logit模型，并对模型进行了分析和检验
2006年	中南大学的易昆南	运用层次Logit模型描述P&R选择行为	建立了与随机用户均衡条件等价的数学规划模型
2009年	同济大学张戎，王林平，闫哲彬	对上海市3个地铁车站的乘客进行了停车换乘行为调查，分析了P&R潜在使用者的行为特性	P&R停车场的停车费用是影响出行者选择停车换乘方式出行的一个重要因素
2011年	吉林大学隋委博	选取上海市小汽车出行者作为研究对象，进行数据调查	建立了基于Logit模型的P&R出行方式选择概率模型，并进行了P&R设施需求分析，最后分析了P&R方式的实施政策保障

3 SP和RP调查及其数据分析

3.1 SP和RP调查

调查对象：P&R设施周边居住区的小汽车通勤者、潜在小汽车通勤者和P&R通勤者；

调查目的：总结影响小汽车通勤者、潜在小汽车通勤者和P&R通勤者向停车换乘方式转移的因素，进而确定模型变量、模型的标定与检验；

调查内容：三类通勤者的个人属性以及影响其出行的因素排序；

调查地点：部分P&R设施周边居住区主要吸引半径范围内，见表4。

SP和RP调查调查地点		表4
轨道交通站点	调查小区名称	吸引半径
天通苑北站	燕城苑小区	1~2km
	望都家园	2~3km
通州北苑站	新华联家园	1~2km
	达富苑小区	2~3km
生命科学院站	龙城花园	1~2km
	碧水庄园	2~3km
天宫院站	天宫院小区	1~2km
	天堂河小区	2~3km
亦庄文化园站	亦庄梅园小区	1~2km
	林肯公寓	2~3km

3.2 SP和RP调查数据分析

1. 个人属性数据对比分析

（1）通过2011年12月3日（周六）下午1:00~4:00三小时的调查，完成了5个P&R地铁站点附近居民区的问卷抽样，并对问卷进行初步审核，经过数据录入，筛选环节，按照调查对象（小汽车通勤者、潜在小汽车通勤者和P&R通勤者）对调查所得样本量进行统计汇总，见表5。

调查样本量汇总表					表5
换乘客源分类	回收样本量	有效问卷	建模合理有效问卷	建模无效问卷	政策不敏感样本量
小汽车通勤者	585	535	443	142	92
潜在小汽车通勤者	219	211	196	23	15
P&R通勤者	327	284	275	52	19
其他	286	247	207	79	31
合计	1417	1277	1121	296	157

如上表所示，经过筛选后，1417份样本中有效样本数为1277份。

（2）个人属性对比分析统计图见图9。对小汽车通勤者、潜在小汽车通勤者和P&R通勤者个人属性的对比分析，得出年收入是影响通勤者是否选择P&R方式出行的主要因素。

2. 通勤者停车换乘影响因素重要度计算

权重的确定主要通过被调查的通勤者对各个因素的重要性排序来获得，为了更好地反映

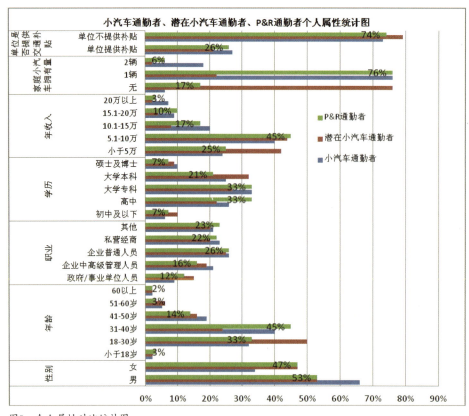

图9 个人属性对比统计图

  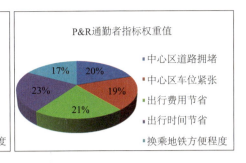

图10 重要度计算结果统计图

通勤者的出行方式选择意愿，排序全部由被调查通勤者完成。重要度计算时，对被调查者的排序结果量化过程中采用1-9比率标度法。影响小汽车通勤者、潜在小汽车通勤者和P&R通勤者是否选择停车换乘出行的因素的权重计算结果见统计图10。

通过比较三类通勤者指标权重值，得出影响小汽车通勤者、潜在小汽车通勤者和P&R通勤者是否选择停车换乘方式的主要因素是出行时间的节省、出行费用的节省和中心区道路拥堵。

4 P&R方式选择概率模型研究

4.1 P&R方式选择概率模型的理论基础

1．非集计模型理论基础

非集计模型的基本建模思想是效用最大化。在国内外的交通领域该模型主要用于出行方式选择的研究。出行者个体的效用函数，见公式（1）。

$$U_{iq} = V_{iq} + \varepsilon_{iq} \quad (1)$$

式中 U_{iq}——出行者个体q采用出行方式i的效用值；

V_{iq}——出行者个体q采用出行方式i的可观测效用值；

ε_{iq}——出行者个体q采用出行方式i的非可观测效用值。

2．P&R方式选择概率模型的基本形式

方式选择概率模型的建立主要是基于小汽车出行者在各种政策因素影响下是否选择停车换乘方式出行，根据传统的非集计模型效用最大化理论进行建模，得到在不同情景假设下，小汽车出行者由小汽车出行方式向P&R方式转移的可能性（概率）。

本文的出行方式选择集合只包括小汽车和P&R两种，因此，采用二项Logit模型对出行者的方式选择行为进行建模与分析。两种出行方式的选择概率公式分别见式（2a）和式（2b）。

$$P_{1n} = \frac{e^{V_{1n}}}{e^{V_{1n}} + e^{V_{2n}}} = \frac{1}{1+e^{-(V_{1n}-V_{2n})}} \quad (2a)$$

$$P_{2n} = 1 - P_{1n} = \frac{1}{1+e^{(V_{1n}-V_{2n})}} \quad (2b)$$

式中 P_{in}——出行者个体n选择出行方式i（$i=1,2$）的概率；

V_{in}——出行者个体n选择出行方式i（$i=1,2$）的可观测效用值。

由上述两式可得：

$$\ln\left(\frac{p_1}{p_2}\right) = \ln\left(\frac{p_1}{1-p_1}\right) = V_1 - V_2 = \ln\left(\frac{P(1|1,2)}{P(2|1,2)}\right) \quad (3)$$

可见，出行者选择两种出行方式的概率比值的对数与采用两种出行方式的效用差值属于线性相关，而函数V_{in}（即效用差）的线性函数公式可表示如下：

$$V_{in} = \theta'X_{in} = \sum_{k=1}^{K}\theta_k x_{ink} \quad (4)$$

式中 x_{ink}——出行者个体n选择出行方式i时所考虑的第k个变量；

X_{in} ——出行者个体n选择出行方式i的变量；

K ——模型变量个数；

θ_k ——第k个变量所对应的模型参数；

θ' ——未知参数。

在模型中V_{in}表示影响出行方式从小汽车向P&R转移的因素指标，则效用函数中的自变量为被调查者面对的各种情景假设中因素指标的设置值。因此，由式（3）与式（4），被调查者在情景假设下出行方式由小汽车转移到P&R的效用函数为：

$$\ln\left(\frac{P_1}{1-P_1}\right) = \theta + \theta_1 \times X_1 + \cdots\cdots + \theta_n \times X_n \quad (5)$$

式中　　P_1 ——出行方式由小汽车转移为停车换乘方式的概率；

$\theta_1, \cdots\cdots, \theta_n$ ——未知参数；

$X_1, \cdots\cdots, X_n$ ——为模型变量。

4.2 模型的构建

1．特性变量的选择

本文的研究对象是每个通勤出行者在主要因素影响下的出行方式选择行为，因此根据上文的分析结果，各变量对应的模型参数分别记为：与小汽车方式相比停车换乘方式能节约的出行时间x_1、与小汽车方式相比停车换乘方式能节约的出行费用x_2、小汽车平均行驶车速x_3、年收入x_4。

2．换乘客源的确定

本文所建立的停车换乘方式选择概率模型按照换乘客源的不同分为三类：$i=1$，小汽车通勤者；$i=2$，P&R通勤者；$i=3$，潜在小汽车通勤者。

3．选择肢的确定

小汽车换乘轨道交通的选择概率模型中选择肢为两个：$y=1$，选择停车换乘；$y=0$，不选择停车换乘。

4．方式选择概率模型

综上，通勤者是否选择停车换乘的概率模型为：

$$\ln\left(\frac{p_1^i}{1-p_1^i}\right) = \theta + \theta_1 \times T + \theta_2 \times F + \theta_3 \times V + \theta_4 \times Q \quad (6)$$

式中　　p_1 ——选择停车换乘的概率；

i ——不同的换乘客源（$i=1$，小汽车通勤者；$i=2$，P&R通勤者；$i=3$，潜在小汽车通勤者）；

T ——出行时间节省量；

F ——出行费用节省量；

V ——小汽车平均车速；

Q ——年收入；

θ、θ_1、θ_2、θ_3 ——待标定参数。

4.3 模型参数的标定与检验

1．模型的描述

本文所设计的调查问卷针对通勤者在不同的情景假设情况下，分别设立5个选择项：一定不使用停车换乘、可能不使用停车换乘、不一定使用停车换乘、可能使用停车换乘、一定使用停车换乘，与出行者在主要因素影响下对P&R方式的选择相对应，对上述5个选择项进行定量描述见表6。

选择项数值化　　表6

选择项	由小汽车向停车换乘转移概率	效用函数对应值 $\ln\left(\frac{P_1}{1-P_1}\right)$
一定不使用	0.05	−2.9444
可能不使用	0.25	−1.0986
不确定	0.5	0
可能使用	0.75	1.0986
一定使用	0.95	2.9444

直接采用原始数据对模型变量数值化，见表7。

变量数值化　　　　　表7

数值化	平均行驶速度（km/h）	P&R出行节省时间（min）	P&R出行节省费用（元）	年收入（元）
1	20	−20	0	≤5万
2	30	−10	10	5.1~10万
3	40	0	25	10.1~15万
4	50	10	40	15.1~20万
5	60	20	50	>20万

2．模型的标定与检验

根据2011年12月3日对5个P&R地铁站点附近居民区域的RP/SP调查数据，按照调查对象（小汽车通勤者、潜在小汽车通勤者和P&R通勤者）对调查所得样本量进行统计，见表8。

调查样本量汇总表　　　表8

换乘客源分类	回收问卷数	建模有效问卷数	建模有效样本量
小汽车通勤者	585	535	2675
潜在小汽车通勤者	219	211	1055
P&R通勤者	327	284	1420

结合调查所得样本量，以相应的效用函数对数值为因变量，以影响通勤者选择停车换乘的主要因素为自变量，采用SPSS16.0软件进行回归分析，并检验因变量是否有效。检验出针对不同换乘客源的模型回归参数，见表9。

模型标定和检验结果　　　表9

换乘客源分类	小汽车通勤群体		潜在小汽车通勤群体		P&R通勤群体	
标定与检验	θ估计值	t检验值	θ估计值	t检验值	θ估计值	t检验值
常数项（θ）	−1.394	7.445	−1.549	7.427	1.006	7.566
时间差（θ_1）	0.143	5.232	0.216	4.252	0.328	4.841
费用差（θ_2）	0.126	4.225	0.194	3.655	0.294	3.244
平均车速（θ_3）	−0.069	−2.936	−0.022	−2.414	−0.202	−2.882
年收入（θ_4）	−0.269	−3.570	−0.306	−3.568	−0.624	−5.313
R_2	0.929		0.923		0.947	

由模型的检验结果可以看出，三个模型的所有参数的因子t检验值的绝对值均大于1.96、相关系数大于0.9，因此，模型的回归效果很好，回归系数均通过5%的显著性检验，说明建模是合理的。

3．模型结构形式

将标定的结果带入模型中，分别得到小汽车、潜在小汽车和P&R方式通勤向停车换乘方式通勤转移的概率模型结构形式如式（7）至式（9）所示。

$$P_1^{\mathrm{car}} = \frac{1}{1+e^{-1.394+0.143x_1+0.126x_2-0.069x_3-0.269x_4}} \quad (7)$$

$$P_1^{\mathrm{po\text{-}car}} = \frac{1}{1+e^{-1.549+0.216x_1+0.194x_2-0.022x_3-0.306x_4}} \quad (8)$$

$$P_1^{\mathrm{p\&r}} = \frac{1}{1+e^{1.006+0.328x_1+0.294x_2-0.202x_3-0.624x_4}} \quad (9)$$

式中　P_1^{car}——小汽车方式向停车换乘方式转移的概率；

$P_1^{\mathrm{po\text{-}car}}$——潜在小汽车方式向停车换乘方式转移的概率；

$P_1^{\mathrm{p\&r}}$——P&R方式向停车换乘方式转移的概率；

x_1——出行时间节约量；

x_2——出行费用节省量；

x_3——小汽车平均行驶速度；

x_4——年收入。

5 结语

本文基于不同换乘客源构建了P&R方式选择概率模型，对于预测制定的交通政策（可以节约出行时间、节省出行费用和缓解中心区道路拥堵的政策）以多大的概率引导通勤者选择P&R方式出行有一定的借鉴作用；同时使P&R方式出行能更好地结合实际情况来服务于广大市民，提高P&R方式的利用率，缓解城市中心区交通压力，促进大都市交通事业的发展。

参考文献：

[1] 南京市城市交通规划研究所.北京市停车换乘系统（P&R）规划[R].2005.

[2] Peter J. Foote. CTA weekday Park and Ride users: a choice market with ridership growth potential. Transportation Research Board January, pp 9–13, 2000.

[3] Young Jong Kwon & Young In Kwon. Elements for the effective use of Park-and-Ride facilities in the Seoul Metropolitan Areas, Korea.251 Exploring Customer Support for Transit and Meeting Customer Needs, January 09, 2001 at Hilton.

[4] Ilona Bos. Changing Seats A behavioural analysis of P&R use TRAIL Research School. Netherlands. 2004.

[5] 秦焕美,李洋,刘兰辉.大城市P&R系统选择行为调查初步分析——以北京市为例[J].交通运输工程与信息学报,2004,4:77-83.

[6] 秦焕美.停车换乘（P&R）行为研究[D].北京:北京工业大学,2008.

[7] 易昆南,于菲菲.城市交通网络中的停车——换乘行为[J].系统工程,2006,24(3):35-39.

[8] 张戎,王林平,闫哲彬.停车换乘需求分析与定价方法——以上海市轨道交通停车换乘为例[J].城市交通,2009[3],2(7).

[9] 隋委博.城市停车换乘设施需求预测与实施策略研究[D].吉林:吉林大学,2011.

[10] 武荣祯,翟栋栋,郝恩崇,李丽.城市公共交通服务满意度评价模型[J].交通运输工程学报,2009,9(4):65-70.

[11] Kenneth E. Train. Discrete Choice Methods with Simulation [M]. CAMBRIDGE UNIVERSITY PRESS. 2003.

[12] 李辰.交通方式划分的LOGIT模型方法[D].河海大学硕士论文.2004.3.

[13] 王雪,关宏志,严海.停车换乘方式选择行为研究[J].北京工业大学:交通工程北京市重点实验室.

[14] Smith M.L. Park and Ride Sustainable Transport or Expensive White Elephant [D]. King's College, Cambridge University, 2000.

学者论坛

利用无忧停车平台解决城市停车难

□ 刘 鹏 刘 阳

□ 摘要

无忧停车平台（www.51park.com.cn）作为一个整合和高效利用停车资源的信息化管理云平台，正是为市民担当了一个智能化停车向导的角色，也使得管理者解决停车难问题可以有的放矢。本文通过对城市停车现状的分析进而介绍无忧停车平台的重要性并在文中进行详细总结与介绍。

□ 关键词

停车难；无忧停车平台；停车信息化

1 城市停车难的现状

随着汽车在百姓生活中的普及，机动车辆数量增多，更多的人选择驾车出行，机动车停车难的问题不仅日趋严重，并且已经影响到了整个交通及城市管理领域。在很多城市的政府单位、商务办公场所、饭店宾馆、餐饮娱乐场所、车站码头、电影院、医院、风景名胜景区、公园、商业购物中心、大型批发市场、农贸市场等大型公共场所停车场建设不合理，车位供需关系严重失调。不少车主为了找一个停车位在周边道路上降低车速寻找车位，导致正常道路交通迟缓，引发道路堵塞等问题，并且存在安全隐患。这种情况在停车高峰时段更是突出，甚至直接影响到城市主要道路的交通通行。由于停车难问题的存在，机动车辆乱停乱放也随之增加。可以说，停车难诱发了不少车主的乱停行为，反过来乱停车的现状也加剧了停车难问题。"停车难"造成"行车难"已成为当前困扰很多城市道路交通发展以及城市秩序管理的又一普遍性的问题。

停车场管理经过一定的技术升级，虽然大多数管理方式已告别了过去的人工管理，采用了自动发卡机、射频卡、远距离不停车通行等技术，但是随着大型停车场和城市商务区停车场群的快速发展，进出车流密集时间集中，如果只靠单个停车场自我管理已经不能满足停车场群调控的需求，进出速度慢、停车场利用率和周转率低下不平衡才是停车难的罪魁祸首。针对这一问题，停车场管理方式要从停车场内部管理各自为战转换为多个停车场甚至整个城市停车场群统一调度管理的局面，使得无论驾车者还是管理方，面临停车难这一问题时可以根据实际信息数据进行合理规划，从而使有限的停车资源得到最大利用，为市民提供准确便捷的日常出行停车方案。

无忧停车平台（www.51park.com.cn）作为一个整合和高效利用停车资源的信息化管理云平台，正是为市民担当了一个智能化停车向导的角色，也使得管理者解决停车难问题可以有的放矢。

2 无忧停车网实现城市停车信息化

大部分城市停车场建设已经接近饱和，依靠新建停车场解决停车难问题不够切合实际，为缓解城市停车资源建设缓慢与停车需求快速发展之间的尖锐矛盾，进而能够为交通信息与城市规划提供底层数据支持，促进动静态交通的和谐发展，只能以现有停车资源合理利用为突破口，通过信息化手段共享停车资源信息，使之得以合理利用。因此无忧停车平台（www.51park.com.cn）以整合停车资源物联网为基础，借由互联网以及移动互联网为媒介，实现停车资源信息化多形式共享，让市民随时随地掌握停车场信息，并且引入车位预定、电子付费、指数预报等理念，改变人们停车习惯，促使城市内所有停车场车位利用率趋于均衡，进出场不停车通行，让驾车者停车时由被动寻找停车位转变为主动选择停车位。

2.1 停车资源多形式共享，随时随地掌握停车场信息

用户可以通过互联网终端、手机终端、车载GPS导航终端、IVR语音呼叫平台及短信平台方式直接访问门户网站，实时查询出行目的地停车场空车位信息以及实时价格信息。停车空位信息和停车指数预报还可以通过交通台、电视台等发布，空车位数据可直接发给停车诱导屏。

当驾驶者出行前，可通过互联网网站提前查看目的地停车场的当前车位状况，通过道路拥堵提示系统来预测自己的到达时间，如果驾车者已经行驶在路上，可利用手机客户端查看目的地停车场分布情况、车位信息及入口地理位置，并且可直接实现导航，如图1所示。

2.2 引入车位预定、指数预报功能，提前规划停车行为

开展车位预定，用户可在线预订车位、在线支付停车费用，还可以根据网站提供的信息来选择空余车位多、价格适中、交通方便、服务设施齐全的停车场（见图2）。尤其是电影院、医院、机场车站等停车场，由于看电影、看病等时效性很强，晚了就会耽误事儿，现在在网上买电影票、预约挂号、购机票车票等已经省去了客户排队等候之苦，但是到了停车场很可能赶上车位慢要等候的时候，这种小概率事件却对客户造成很大的影响，所以车位预约的需求很大。车位预约还可以削峰填谷，进一步提高车位的利用率。

停车网站汇集大量的停车场的历史数据，这些数据随着时间的变化是有周期性和规律性的，它会随每天、每周、每月变化。所以我们可以对停车场的停车难易程度进行评价和预报，评价和预报的表述采用停车指数的形式，如1~5级，1级代表停车非常容易，5级代表非常难。为了形象起见，我们使用不同颜色代表5级指数，如蓝色代表1、2级，绿色代表3级，黄色代表4级，红色代表5级，网站和手机上的停车场标注就用不同颜色表示（见图3）。

驾车者根据停车指数预报数据，可以选择避开停车高峰，提前规划自己的出行时间及车场选择。

2.3 错时停车、灵活定价、主动营销实现高利用率

目前国内的停车场的利用率一般只有30%，越大的停车场利用率越低，这是我们研究了大

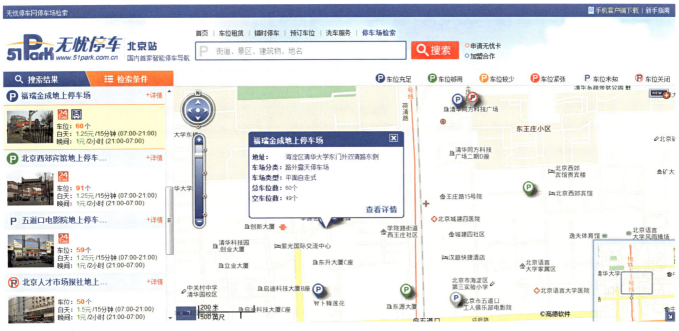

(a) 停车场检索界面

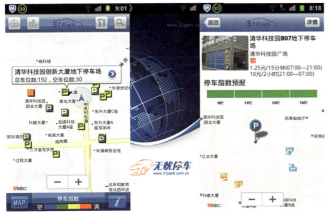

(b) 手机客户端停车场检索界面

(c) 车载GPS终端的界面

图1　停车资源多形式共享

量的停车场运营曲线总结出来的。如一般大型商场的高峰期是从中午开始，持续到晚上，节假日高峰最高，其余工作日高峰时段利用率都不足60%，所以24小时平均车位利用率低于30%就不足为奇了。而一般的写字楼的高峰期是从上午上班开始，中午后就逐渐降低，下班后立刻降到最低，节假日白天也很低，大部分写字楼停车场的最高峰利用率在60%~70%左右，所以24小时的平均车位利用率也低于20%。居住小区的夜间基本大于80%，白天则少于30%，总体利用率应该在50%上下，利用率还算高。

城市一方面停车位不够用，一方面车位利用率低，资源严重浪费，这是城市管理者和停车场运营者都不愿看到的。国外发达国家的车位利用率可以到达80%，其管理思路值得我们学习。

造成这种现象的原因和解决办法有以下几种：

（1）缺乏主动营销的思想，只会被动等车，每个停车场有不同的位置和周边客源，根据客流和车流的不同类型应该采取不同的策略，制定不同的价格优惠政策，吸引更多车流。

图2　车位预定界面

（2）诱导手段缺乏，造成很多找不到车位的车流不能进入停车场，要实现全方位的诱导如网站、手机、车载导航、停车诱导屏等。

（3）多开展错时停车，推出日间月卡、夜间月卡、工作日月卡、周末节假日月卡等，填补空闲时段（见图4）。

2.4　电子付费、不停车通行、提高停车场运行效率

目前国内的停车场大多采用入口发卡、出口缴费的形式，当大型停车场进出流量很大时则容易造成拥堵，严重影响停车场的运行效率，并造成新的交通拥堵。停车费缴费属于小额支付，目前常用的人工收取现金的方式，缺点是耗时长、排队长、资金流失严重、客户感觉麻烦等，而电子支付尤其是智能手机的快速发展，使得手机的电子支付得以快速的普及，各种手机银行、小额支付工具如支付宝、财付通、微信支付等都可以用来支付停车费，还有我们的无忧停车APP也可以方便地支付停车费用。客户使用电子支付停车费后，就可以在30min内直接驶出停车场，而免去排队的麻烦，停车场管理者则可以通过电子银行快速归集资金，排除了资金流失的苦恼。

3　全方位多元诱导解决停车难的方向

在停车场安装数据采集设备，通过基于高新技术的各种探头、传感器、识别摄像头等设备，基于物联网、移动互联网技术和网络平台，传输到中心管理系统，处理后把诱导数据并发布到城市停车诱导屏、停车网站、手机APP、交通广

图3　停车指数预报界面

图4 错时停车业务界面

播、电视台等,提供车位查询预订、卫星地图显示、停车场的出入口准确标注、手机支付、远程寻车定位、车辆防盗、限行提示等功能。

建立全面的智能停车诱导体系,使得驾车者处于路前、路中及邻近停车场时规划停车路线有据可循(见图5)。

为解决"停车难"问题,必须依托物联网和云计算技术、无线通信技术、计算机网络技术、视频识别技术、空间信息技术等先进手段,实现城市停车管理信息的网络、共享和交互,包括泊位管理、收费管理、停车诱导、停车指数预报等内容。结合统一化、系统化的管理平台,实现城市停车的泊位规划、效率评估、停车诱导和信息共享的一体化、数字化和可视化,创建城市停车管理信息的新模式。全方位、多元的诱导手段包括停车网站、手机APP、停车诱导屏、交通广播等,覆盖了出行的全部过程。

利用停车指数预测预报技术,使得出行者在时间上大大提前获知出行目的地周边的停车场指数信息,做出决策。利用全方位、多元的诱导手段,覆盖出行的全部过程,扩大了出行者获得停车信息的空间。两者结合,从时空两个方面扩展了停车诱导的空间,提高了城市停车诱导的服务水平,调整了车位供需平衡,为解决城市停车难作出很大贡献。

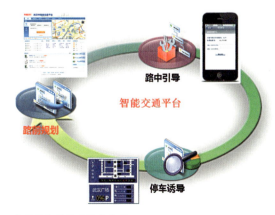

图5 全面的智能停车诱导体系

关于城市停车空间的路权主体及分配研究

□ 王锐英

□ 摘要

一个城市或区域的停车空间如何分配，对于减少交通拥堵、交通压力和社会矛盾是非常重要的。本文提出基于个体和家庭意义上的私人、小区和单位意义上的集体、社会公共生活意义上的大众三个层面的停车空间路权主体及其车位分配权重概念，指出以人为主体的而不是以车为主体的停车空间的路权分配，才是解决交通问题的正确思路。

□ 关键词

城市停车；路权；路权主体；停车位分配

1 道路交通路权的性质

交通路权，有别于产权，是指使用道路的交通主体在时间和空间方面对于道路设施的权利。交通主体可以按交通性质类别分为机动车、非机动车、行人等；可以按交通设施权属分为公共（群体）交通和私人（个体）交通。路权一般可分为通行权、先行权、占有权等。

通行权是指交通主体依据交通法规之规定，在道路某一空间设施范围内进行交通活动的权利。通常机动车在机动车道上、非机动车在非机动车道上、行人在人行道和人行过街横道上分别享有的通行权利。现代城市交通问题，如果说有通行权因素、因通行权产生的矛盾冲突，其所反映的本质问题可追寻到交通空间资源的分配问题，即城市空间资源的规划问题和交通政策问题。

先行权是指在时间方面，交通主体的优先通行权。交通主体之间和其他交通参与者均不得相互侵犯，否则就是侵权行为。但由于空间、时间资源的有限，基于排队规则的优先通行权，本质上是在有限条件下、基于一定规则的对交通空间资源、交通时间资源的先行临时占有权。

在现代社会，占有权的直接和明显的表现是指对非公共空间、私属空间的权利。而对于公共交通空间，仅指上述临时性的先行占有权。

2 道路交通路权的动态和静态特征

相对道路的动态交通空间而言，停车空间设施，包括停车场、停车楼、路侧停车等，则为道路的静态交通空间，是道路功能的延伸区域。同样，也有相应的路权，也有其通行权、先行权、占有权等。

在动态交通空间，道路上的交通主体的通行权、先行权、占有权表现为动态特征，即除出现灾难、事故和特殊情况外，任何交通个体一般不能够静止占有任意特定的空间，其占有权是通过式的，在一定意义上别的交通主体必须时刻为该主体让出空间，该交通主体也必须时刻为其他交通主体让出空间。这可以认为是动态交通空间的路权的重要特征。

而在静态交通空间，公共停车空间的交通主体的路权表现为静态特征，任何个体可以在一个相对较长时间内，甚至很长时间内独自占有特定的停车空间，其占有权是轮换式的，而且拥有自由进出的通行权、先来后到的先行权。

由于绝大多数城市的老城区时过境迁，交通空间先天严重不足，而新城区配建标准赶不上车辆拥有量的快速增长，加之规划管理的后天不足，停车场和停车位的紧张已经成为大城市日常生活中的一大难题。

因为占有时间和占有空间的趋向固定化、专有化，带来了有别于动态交通空间的停车空间路权分配问题，即如何解决和强化公共停车空间使用中的短时轮换占有，以保证其空间资源享有的公正公平问题。而且，因占有主体属性的不同，甚至出现各种霸占、侵占停车空间现象（见图1），使得静态交通的路权分配较之动态交通更加复杂，且带来了时间和空间的分配难题。

图1 "榆林街头商家私占门前公共停车位"（榆林日报2011-08-16）

3 停车空间的路权分配问题

停车空间的路权分配的难点一是僧多粥少，车位缺口相当的大；二是涉及产权明晰问题，尤其在居民区内的停车位问题最为典型；三是路权主体不清，使得停车空间的分配和占有无序而混乱。以至于，居住小区内的停车车位如何分配，俨然成为小区业主们和物业们之间斗法的战场，不乏偷天换日、暗度陈仓的神算子，甚至还有刀光剑影，各自施展腾挪大法。

许多居民区内部解决不了停车问题，只好推向社会公共空间，加之本已超负荷运转的城市道路，违章占路、乱停乱放平添了道路交通的拥堵和混乱，以至于扰乱治安，也为自身的车辆带来极大的安全风险。所以，城市道路公共空间的停车需求压力来自两个方面，一是由于居住区内部、商业区内部、工作单位内部的长时停放压力转嫁而来的，二是道路交通产生的短时停放压力快速增长而来的。

在这里，对于停放时间和停车空间的提供，本文做出一个区分，或者基于一个问题而来的分划，那就是：应该由谁来为谁提供停车空间？若再细分的话，是否可以是两个问题：由谁来提供需要过夜的长时停车空间？由谁来提供当天短时需求的停车空间？

首先，由谁来提供的问题，已经基本上解决了，因为国家早有了规定。一是居住区、商业区、工作单位均应根据自身特点和规模大小，规划足够数量的停车位；二是城市规划改造和城市管理者都应该保障足够规模的停车场；三是在市场经济下，一些车位拥有者面向社会开展的有偿停车服务。

其次，提供（分配）给谁车位多少的问题和提供（分配）给谁时间长短的问题，尤其没有很好地解决（见图2）。反而由于车辆的快速增长，其问题日益严重起来。这里的"谁"即停车路权的主体怎样确定，很重要，需要探讨。

图2 以车为主体的公共停车位易于变成私人专用停车位？
(http://barb.sznews.com/html/2009-02/27/content_529332.htm)

4 停车路权主体的重新界定

从交通包括停车的需求与道路包括停车场的供应矛盾来看，合理的汽车增长速度，应该与城市居住区、商业区、工作单位的建设更新速度相匹配。随着车辆的增长，城市建筑的更新改造和扩展周期如果恰好遇见到了并能够解决逐步增长的停车需求，那是多么健康的发展道路啊。城市道路的增长进化——改建和新建，其实也应该是这样的，总是与交通方式的变革和交通量的增长相互匹配。当然，这只是一个极其理想的甚而是幻想中的局面，但可为我们提供一个思考交通问题的基点。当车辆的增长超过了城市设施和空间的变化速度时，由车辆而不是人主导城市的进化时代开始了，一切解决交通问题包括停车问题的思路和办法，都受到了车辆的绑架，城市日益异化为车辆的城市而不是人的城市，往往把城市空间、交通空间及至车位空间分配给了车而不是分配给了人。所以，任由车辆来主导、占领和侵害人的空间的局面必须改变，必须关注人的城市、人的交通。

那么，什么是人的城市、人的交通呢？这里的人，尤其是享受车位空间的人也不能够仅仅指活生生的个人，那样就过于矫情了。

这里所说的现代城市的、现代交通的人，即前述路权主体，包括人和与人合体的车。对于停车路权主体，可以分为个体和家庭意义上的私人、小区和单位意义上的集体、社会公共生活意义上的大众三个层面的人。城市停车空间的分配，应包含了从居民家庭的私人停车空间，到小区和单位的集体停车空间，再到社会的公共停车空间的三个方面的，面向私人、集体和公众三方面的路权分配。

理想的城市，每个家庭甚至每辆车都应该拥有自己的私人停车空间，每个小区单位都应该为在此工作或办事的人提供集体的停车空间(见图3)，每个城市都应该为在城市中活动的人们提供面向大众的停车空间。即使目前很不理想的城市，也应该将停车空间做如是划分和服务管理。

图3 来访车位停车标志

5 停车路权的分配规则与思路

以人为主体的而不是以车为主体的停车空间的路权分配，才是解决交通问题的正确思路。每个居民区的停车位既要满足多数私人停车需求，也要保证足够量的集体停车需求和部分公共停车需求。同时，每个城市区域的既有的公共停车位既要满足大多数公共停车需求，也要保证足够量的集体停车需求，还可以拿出一部分车位来满足私人停车需求。问题在于如何分配？本文试对城市和区域空间停车位的规划管理及分配规则作一探讨。

首先，设定一个城市或一个区域内的全部停车位的既有数量为Q，则可以将其简化分为三部分：

Q_1，居民家庭的私人车位数量，多位于小区内部（窄小胡同中，类同居住小区）、居民院落和住房邻近空间，在许多城市大部分已经分配给了家庭个人，或由私家占有；具体如何分配到居民家庭，各地居民区的有各种办法，本文暂不予讨论。

Q_2，小区和单位的集体车位数量，多位于小区内部、单位内、外部，大部分采取先来后到方式短期甚至长期占有，一般不向社会完全开放。

Q_3，社会公共生活中大众车位数量，大部分为公共停车场和路侧停车车位，少部分位于小区内部，面向社会开放。

Q_i（$i=1,2,3$）的数值，可根据现状调查数据和规划数据进行初步划定或分配；同时可根据城市发展需求做出具有一定比例指标的详细规划。目前，我国城市停车规划对私人停车和公共停车的规划过于笼统，且缺少与停车管理的衔接和可行性，规划效应大打折扣。

其次，将一个城市区域的全部停车位需求量设定为C，将其也分为三部分：

C_1，居民家庭的私人车位需求数量；
C_2，小区和单位的集体车位需求数量；
C_3，社会公共生活中大众车位需求数量。

C_j（$j=1,2,3$）的数值，可通过调查和预测分析得到，从而成为城市停车规划的重要数据。

停车位的既有量和需求量在总数量上不可能一致，在上述三种类型上也不会一致。所以，为停车管理需要，需要将一个城市区域的既有全部停车位重新进行分配调整。停车空间的路权分配的原则，不求供给和需求的一一对应，要有利于城市中心地区交通压力的缓解，故不能够以满足目前中心城区的人口过度集中下的私家停车需求为目标。停车路权分配可以发挥撬动城市中心人口压力疏解的作用。如可以通过赋予分配权重（比例），根据交通发展压力和空间区划性质调整分配权重，以及赋予停车成本权重的方法，进行停车路权的分配。

设车位分配权重为K_{ij}（$i=1,2,3$；$j=1,2,3$），其意义为：将一个城市的既有车位数量Q_i（$i=1,2,3$）分配给车位需求C_j（$j=1,2,3$）的权重。

且有

$\sum K_{ij}$（$i=1$；$j=1,2,3$）$=1$

$\sum K_{ij}$（$i=2$；$j=1,2,3$）$=1$

$\sum K_{ij}$（$i=3$；$j=1,2,3$）$=1$

一般情况下，且鉴于$Q_i<C_j$，即需求远远大于供给的矛盾，一个城市或城市区域内既有的居民家庭的私人车位数量Q_i，可全部分配给C_j，当然也可以划分出一部分分配给C_2和C_3；当其数量超过私人车位的需求量，即$Q_i \geq C_j$时，可将剩余数量（Q_i-C_j）全部分配给C_2和C_3。

则有

$V_i=\sum Q_i*K_{ij}$，（$i=1,2,3$；$j=1,2,3$）

一般情况下，$K_{11}=1$，$K_{12}=0$，$K_{13}=0$，且$\sum C \geq \sum V$

可以$X_i=V_i/C_i$（$i=1,2,3$）（%）作为停车位分配的满意程度，或优化指标。

预计满意度指标虽然很敏感，但可以将其与分配权重一样，看作城市区域停车政策的引导指标。

如何确定车位分配权重K_{ij}（$i=1,2,3$；$j=1,2,3$），要考虑停车空间的路权分配的关键因素包括公共性、经营性和地理区位等因素。

公共性可以是经营的，也可以是非经营的。但经营主体的私有化和模糊化，往往使得公共性大打折扣。在市场化的今天，车位作为一种特殊商品日益紧俏。而缺乏公共性的和完全市场化的停车空间，一般都是不存在路权分配的。那么，还有多少停车位还存在着分配意义呢？还要考虑到，居民区内部的车位有多少比例能够拿出来分配给C_2和C_3呢？

停车位总是不敷分配的。但每当夜深人静的时候，几乎所有车辆都停下来了，它们都停在什么地方呢？显然，夜晚的停车静态交通空间与白天的行车动态交通空间处于一种胶合状态，晚间稍许平静而白天极其紧张。这完全反映了静态和动态交通空间分配失衡以及不匹配的问题。需要在交通空间规划分配的大框架下来解决。

为减少乱停车和给城市生活带来的拥堵、干扰、危害，考虑按城市的不同区域进行停车位的再分配，划定不同区域，根据不同需求的路权主体，选取分配权重，减少车位类型的随意和混乱，是值得探讨的。

Nested-Logit模型在地铁站点交通方式衔接中的应用

□ 相福至　吴海燕

□ 摘要

国内外大城市的发展经验证明，轨道交通构成大城市交通骨干网络，发挥便捷快速、大容量的优势，是有效疏解城市交通拥堵的良方。轨道站点是客流聚散的重要节点，使其他交通方式与之有效地衔接，提供乘客便捷的换乘环境至关重要。本文结合北京地铁5号线天通苑北站的调研数据，分析出行者在选择轨道交通基础之上的衔接方式选择行为，建立分层Nested-Logit模型，提出针对轨道站点的交通衔接设施布设建议。

□ 关键词

地铁站点；Nested-Logit模型；交通衔接；设施布设

1　引言

"公交优先"的交通发展模式是解决城市交通问题的有效措施。轨道交通建设的网络化日趋完善，以轨道交通为主的公共交通方式占城市出行比重逐步提升，但由于轨道交通仅适用于主干性运输，可达性较低，需要各种交通方式与之形成良好的衔接体系，以弥补其不足，提高其可达性。地铁站点交通衔接设施的合理设计与否，不仅影响到各种客流在地铁站点的衔接换乘效率，也直接影响到整个轨道交通网络的运输效率和服务水平的提高。

为了确保城市轨道交通与其他交通方式有良好的衔接性，近年来国内外研究人员从多个角度对衔接方式进行了研究。Brown CW.针对纽约地区的一个地铁站衔接客流建立ML模型(Multinomial Logit Model)，用以预测各衔接方式所占的比例。殷远飞通过分析影响衔接方式的因素，建立两端衔接的ML模型，对轨道交通与其他交通方式的接驳做了研究。王文红和关宏志等人对衔接数据初步分析的基础上，建立NL(Nested-Logit)模型，探讨了衔接方式的选择与轨道交通方式选择的相互关系。针对北京市地铁2、4、10号线的衔接做了初步探索。黄杉将Nested-Logit模型运用于轨道衔接的分析，通过RP和SP调查找寻相关因素，分析评价相关因素对轨道交通衔接的影响。

2 基本思路

目前，与地铁衔接的交通方式主要有5种：常规公交车、小汽车、出租车、自行车、步行。由于各交通方式的自身特性不同，各自的服务范围也有较大的区别（见图1）。

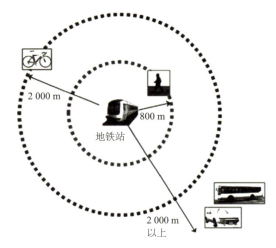

图1 轨道交通衔接方式服务范围示意图

根据城市交通发展规划，配合促进合理城市交通结构的形成，基于实地调研的北京市地铁5号线"天通苑北"站数据，具体分析站点周边的用地性质，拟建立分层的Logit模型，根据非集计模型的效用理论对提出的NL模型进行参数标定，以此为手段，分析客流组成和衔接规律，考量相关影响因素的权重，以此为依据，对地铁站点的衔接换乘设施进行合理配置，如自行车停车场、小汽车停车场及公交驻车场等，使其满足客流集结、疏散的需要（见图2）。

3 Nested-Logit模型介绍

近年来，基于非集计模型的交通方式方法的研究，建立同时考虑多种方式的交通选择模型中，有多项Logit(Multinomial Logit, MNL)模型和基于分层Logit (Nested Logit, NL)模型

图2 天通苑北地铁站设置布置全局图

等选择。在多数情况下，MNL模型较传统的集计模型在预测精度上有了显著提高，但由于非相关选择方案相互独立性(Independence form Irrelevant Alternatives，IIA特性)等问题，在实际应用中经常由于选择方案的相互关系，出现模型过大评价类似性较高的选择方案的被选概率，而过小评价类似性较低的选择方案的被选概率的问题，因此MNL模型适合于各选择方案相互独立的情况。

针对MNL模型存在的"与其他选择无关特性"，Williams等人提出了合并式的Logit改进模型，此种Logit改进模型又叫巢式Logit模型，即Nested-Logit模型。该模型能有效地克服MNL模型存在的问题，适合于选择方案中某几个选择肢具有类似性的情况。由于本文研究的是全方式的交通行为，各种交通方式并不是处在一种分析层面上，例如，乘客选择"常规公交辅助轨道交通"的方式出行，那么其中的"轨道交通"方式属主交通方式，"常规公交"属辅助衔接方式，两者在权属上并不相同，然而常规的Logit模型或是多项Logit模型并不能有效地处理这一问题，同时存在着上述的IIA特性之弊端，而分层Logit模型可以很好地处理这种需求，将不同的方式置于不同的层次内，分别处理，故本文拟采用分层Logit模型来解决实际衔接问题。NL模型运用于枢纽交通衔接方式已有先例，姚丽亚、关宏志等

人针对北京市的轨道衔接方式选择做了统计分析，证明精度在85%以上，同时，NL模型还可用于客流预测，以及政策分析等相关方面。

NL模型选择树示意图，如图3所示。

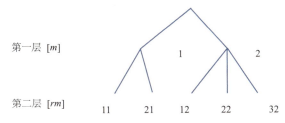

图3　Nested-Logit模型选择树示意图

为了便于利用数学表达式描述选择树的结构，可以用数字来表达选择层：M_n为出行者n的第2层的选择方案数；R_{mn}为出行者n的与节点m相结合的第1层的选择方案数。第n个出行者选择第2层上的任意选择方案$(r|m)$的概率$P_n(r|m)$为在选择了m条件下的选择了r的条件概率$P_n(r|m)$与选择了m的概率$P_n(m)$的乘积。即：

$$P_n(rm) = P_n(r|m)P_n(m) \tag{1}$$

$(r = 1, 2, \ldots, R_{mn}; m = 1, 2, \ldots, M_n)$

$$P_n(r|m) = \frac{\exp(\lambda_1 V_{(r|m)n})}{\sum_{r=1}^{R_{mn}} \exp(\lambda_1 V_{(r|m)n})} \tag{2}$$

$$P_n(m) = \frac{\exp \lambda_2 (V_{mn} + V^*_{mn})}{\sum_{m=1}^{M_n} \exp \lambda_2 (V_{mn} + V^*_{mn})} \tag{3}$$

其中，

$$V^*_{mn} = \frac{1}{\lambda_1} \ln \sum_{r=1}^{R_{mn}} \exp(\lambda_1 V_{(r|m)n}) \tag{4}$$

$$U_{rmn} = V(r|m)_n + V_{mn} + \varepsilon(r|m)_n + \varepsilon_{mn} \tag{5}$$

$$\lambda_1 = \frac{\pi}{\sqrt{6}\sigma_1} \tag{6}$$

$$\lambda_2 = \frac{\pi}{\sqrt{6}}\left[\sigma_2^2 + \frac{\pi^2}{6\sigma_1^2}\right] \tag{7}$$

式中　U_{rmn}——出行者n选择了方案(rm)时的效用；

$V(r|m)_n$——在出行者n选择了方案(rm)时的效用中，由于(rm)和m的组合而变化部分的固定项；

V_{mn}——在出行者n选择了方案(rm)时的效用中，与r无关而仅随m变化部分的固定项；

$\varepsilon(r|m)_n$——在选择了m条件下的选择了(rm)的效用的概率项；设其服从均值为0，方差为σ_1^2的二重指数分布；

ε_{mn}——选择了m的效用的概率项；设其服从均值为0，方差为σ_2^2的二重指数分布。

4　数据分析

此次调查于2011年5月11日早晚高峰时间进行，以地铁5号线天通苑北站为调查对象，并以随机抽样的方法早晚各抽取300样本，对受访者进行问卷调查。图4是调查当天地铁站点的进出客流变化图。

可以发现，天通苑北站早高峰期间客流量达40614人次，且客流明显集中于7：00~8：00间，晚高峰客流峰值出现在19：00左右，客流状况与站点周边的用地性质吻合，站点附近主要是天通苑社区等居民社区，居住人口密集。早高峰期间从家乘地铁往工作地，时间段较集中，晚高峰客流相对较分散。

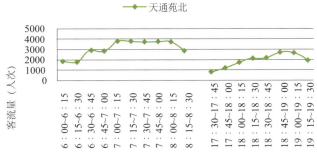

图4　地铁天通苑北站早晚高峰进出站流量图

4.1 出行者特性

以下从出行者的年龄分布、收入分布、出行目的分布等方面，分析出行者特性。其分布如图5~图7所示。

从图5可看出，利用轨道交通出行的人群年龄主要集中在18~40岁，约占总客流的79.17%，多以上学、上班人群为主。60岁以上的乘用者所占比例最小，高峰期间人流量大且空间拥挤，不适宜这部分人群采用轨道交通出行。

从图6可看出，轨道交通使用者只要集中在年收入7万以下，比例在68%左右。其中，年收入3.1万到5万的群体使用轨道交通的比例最大，约占30%。这说明，年收入3万以下的低收入群体多选择道路公交及其他廉价的交通工具，而年收入3.1万~7万这一群体是使用轨道交通出行的主力军。

从图7可看出，出行目的主要以通勤出行为主，上班比例占89%。这其实也与站点周边用地性质有关，属居住用地，理所当然的产生向工作地的客流。

从图8可看出，在使用轨道交通出行的人群中，没有拥有私家车的出行者占绝大部分，约87%，部分拥有私家车的轨道交通使用者，有相当部分采用"P+R"方式出行。

采用"P+R"方式人群中，换乘轨道交通出行的主要原因是轨道交通比小汽车出行"更准时"以及轨道交通"票价低廉"（见图9）。

图6 出行者年收入分布图

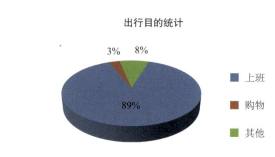

图7 早高峰出行者出行目的分布图

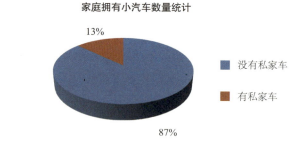

图8 小汽车拥有量分布图

图5 出行者年龄分布图

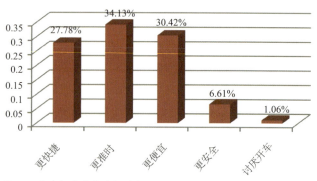

图9 私家车拥有者换乘轨道交通的原因

4.2 衔接方式分析

早晚高峰期间，地铁站点各交通衔接方式分布图如图10所示。从图中可以看出，常规公交为主要的衔接方式，这也可表明与轨道交通衔接的客流大部分来自于距离站点较远的客流。其次，步行方式衔接轨道交通的第二大方式，这说明直接吸引客流仍占很大部分。

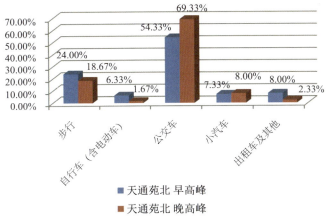

图10 衔接方式分布图

图11是站点衔接换乘时间变化图。从图中我们可以看出，有85.6%的乘客到达站点的时间在20min以内，94.55%的轨道交通乘客来源于地铁站周边30min以内的范围。其中，公交车接驳比例随时间增加呈现先增后降的趋势，步行和自行车方式衔接随时间增加呈现先增后降的趋势。

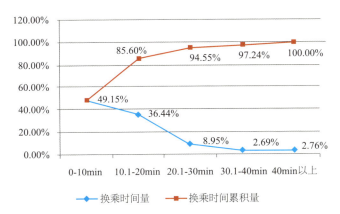

图11 衔接换乘时间分布图

因为早高峰乘客出行相对比较集中，更具代表性，因此以早高峰数据统计在不同换乘距离下，步行、自行车、公交车的换乘比例，具体如图12所示。

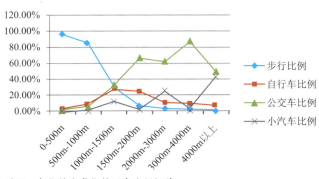

图12 各衔接方式衔接距离比例汇总

通过对数据的统计分析，1000m范围内时随着距离的增加，步行接驳方式所占的比例逐渐降低。1000～3000m是自行车换乘的有效范围，自行车接驳方式所占的比例均达到了10%以上。1000～1500m自行车和公交车增长趋势基本一致，1500m以上公交车接驳方式所占的比例逐渐增加，自行车所占的比例逐渐降低。

换乘距离在1000m范围内时，小汽车接驳方式所占比例较低，无明显变化趋势，在1000～4000m范围时，小汽车接驳方式所占比例随距离增加呈现上下波动的变化趋势，在4000m以上时，小汽车接驳方式所占比例随距离增加呈上升趋势，且会超过公交车接驳方式所占比例。此外，1500m以上，公交车和小汽车这两种接驳方式所占的比例呈现"此消彼长"的趋势，由此可证明，在所有接驳方式中，公交车和小汽车属于互补的关系，即条件允许情况下，中长距离乘客在公交换乘不够便捷时会选择使用小汽车换乘轨道交通。

5 模型标定与分析

5.1 模型结构

我们所说的衔接方式，其实有出行端衔接和目的端衔接两部分，所以按前述的理论应该是3层选择行为。为方便说明NL模型在地铁站点交通方式衔接中的应用，现只将出行端纳入，使得模型结构变成基于选择轨道交通方式之上的2层NL模型。选择树状图如图13所示。

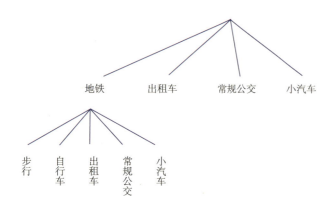

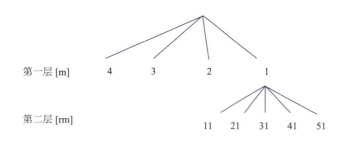

图13 选择树状图

5.2 模型标定与处理

效用函数包含多种不同特性变量。那么，经过对各因素与出行方式的列联表检验，卡方检验（以5%的显著性水平）。对于第一层模型，出行变量考虑"出行时间"和"总费用"，出行者变量包含年龄、职业、性别、年收入、有无私家车、出行目的和学历，在对上述变量做检验后带入模型作为固有项变量；第二层模型考虑将衔接时间、衔接费用和换乘距离作为固有项变量。

经检验，将年龄、年收入、有无私家车和出行目的带入第一层作为固有变量，另外，出行时间和总费用同样为固有变量。第二层的固有变量设为衔接时间、衔接费用和换乘距离。

那么，我们可以由公式（2）得出该模型中第二层各衔接方式的概率公式，如下：

$$P(1|1)_n = \frac{e^{\lambda_1 V(1|1)n}}{e^{\lambda_1 V(1|1)n}+e^{\lambda_1 V(2|1)n}+e^{\lambda_1 V(3|1)n}+e^{\lambda_1 V(4|1)n}+e^{\lambda_1 V(5|1)n}} \quad (8)$$

相应地，由公式2-3得出第二层各方式的概率公式，如下：

$$P_{5n} = \frac{e^{\lambda_2 (V_{4n}+V^*_{4n})}}{e^{\lambda_2 (V_{1n}+V^*_{1n})}+e^{\lambda_2 (V_{2n}+V^*_{2n})}+e^{\lambda_2 (V_{3n}+V^*_{3n})}+e^{\lambda_2 (V_{4n}+V^*_{4n})}} \quad (9)$$

根据因素分析结果，得到NL方式选择模型特性变量以及数据结构表如表1所示。

可得到效用函数的表达公式，如公式（10）和公式（11）所示。

$$V_{mn} = \theta_m + \sum_4^n \theta_n X_{mn} \quad (10)$$

$$V_{(m|1)n} = \beta_m + \sum_5^n \beta_n X_{(m|1)n} \quad (11)$$

采用分阶段的估计方法，具体模型标定结果如表2和表3所示：

NL模型特性变量以及数据结构表　　　　表1

选择方案		第1层									第2层						
		固有哑元			年龄	年收入	私家车	出行目的	出行时间	总费用	固有哑元				衔接时间	衔接费用	换乘距离
第1层	第2层	Xm1	Xm2	Xm3	Xm4	Xm5	Xm6	Xm7	Xm8	Xm9	X(r|m)1	X(r|m)2	X(r|m)3	X(r|m)4	X(r|m)5	X(r|m)6	X(r|m)7
地铁		1	0	0	X14	X15		X17	X18	X19							
	步行										1	0	0	0	X(1|1)5	X(1|1)6	X(1|1)7
	自行车										0	1	0	0	X(2|1)5	X(2|1)6	X(2|1)7
常规公交		0	1	0	X24	X25		X27	X28	X29							
	出租车										0	0	1	0			
	常规公交										0	0	0	1	X(3|1)5	X(3|1)6	X(3|1)7
小汽车		0	0	1	X34	X35	1	X37	X38	X39							
出租车		0	0	0	X44	X45		X47	X48	X49							
	小汽车										0	0	0	0	X(4|1)5	X(4|1)6	X(4|1)7
未知参数	λ_2	θ_1	θ_2	θ_3	θ_4	θ_5	θ_6	θ_7	θ_8	θ_9	β_1	β_2	β_3	β_4	β_5	β_6	β_7

NL模型标定结果表A　　　　表2

第一层			第二层		
参数	估计差	t检验	参数	估计差	t检验
θ'_1	9.302	3.311	β_1	6.896	1.952
θ'_2	2.895	0.185	β_2	3.368	0.998
θ'_3	1.587	0.920	β_3	5.635	2.331
θ'_4	0.912	0.036	β_4	4.687	3.258
θ'_5	0.023	0.820	β_5	−3.225	−5.689
θ'_6	3.052	1.013	β_6	−2.310	−4.532
θ'_7	0.274	0.956	β_7	−6.121	−8.731
θ'_8	−0.126	−4.834			
θ'_9	−0.056	−0.996			
λ_2	0.452	5.131			

NL模型标定结果表B　　　　表3

参数	第一层	第二层
$L(0)$	−429.325	−298.336
$L(\theta')$	−254.127	−98.241
$-2L(0)-L(\theta')$	350.396	400.19
ρ^2	0.259	0.362
$\bar{\rho}^2$	0.293	0.225

其中 $\theta'_i=\theta'_i\times\lambda_2$，$L(0)$ 是参数估计值等于零时的似然函数值，$L(\theta')$ 是将最终参数估计值代入似然函数后的值，$-2L(0)-L(\theta')$ 是检验所有的值是否为零的统计量，P^2 是优度比，$\bar{P}^2$ 是经过自由度调整后的优度比。由此可知，本模型中 P^2、$\bar{P}^2$ 均位于 0.2~0.4 之间，精度较高。

时间类的出行时间和衔接时间，费用类的出行总费用和衔接费用以及换乘距离各标定参数为负值，那么说明对选择结果呈现负效应，也即交通方式中该变量值越大，出行者越不趋向于选择此种交通方式。例如，我们通过模型计算，当常规衔接公交时间增加10%时，那么常规公交衔接方式的分担率将下降约6.7%；当衔接时间节省10%时，衔接公交方式的分担率则大约会增加10.2%。同理还可得到出行时间和费用变化时，交通各方式的分担率变化情况。另外，我们发现，当层次二中的衔接时间或是费用变化时，不仅该层的衔接方式分担率发生变化，而且还将产生连锁反应，导致第一层各方式分担率的相应变化。

6 小结

依据调查数据以及模型的标定分析结果，可以看出费用、时间以及距离等因素对于出行者的交通方式的选择产生较大影响，地铁衔接端的方式选择尤甚。地铁5号线天通苑北站，地铁与常规公交的衔接换乘情况较为理想，但存在出入口宽度不够的问题，现在的出入口单车道宽度约为8m，而规范中指明大型公共汽车的最小转弯半径为10.5~12m，为保证公交车能顺利出站，建议将公交场站出入口的单车道宽度增至12m或以上。地铁站点地铁换乘常规公交的距离不宜超过200m，建议在地铁出入口200m范围内设置公交站台，当公交线路较多，场地条件允许时，考虑设置成岛式站台，便于乘客快速识别换乘环境，提高换乘效率。

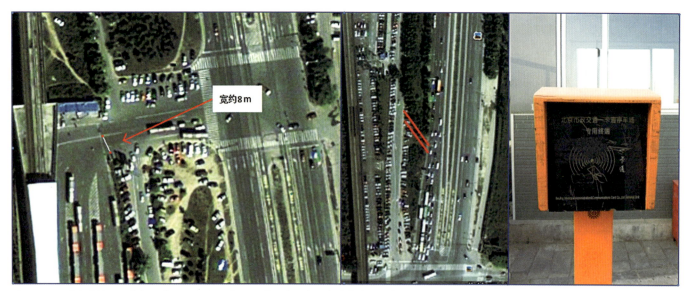

图14 天通苑北地铁站公交场站出入口、"P+R"设改善方案和自行车停车存放刷卡设备

"P+R"停车场车辆出入口应尽量设置在次干路或支路上，或设置专用通道与主干路相连，建议天通苑北站改建辅路，便于小汽车出入停车场，随着停车换乘量需求的增加，可建造立体停车场地，并做好与周边其他交通流线的组织。"B+R"方面，建议根据相关规范要求增加出入口，并拓宽出入口通道宽度至2.5m。拟参照"P+R"的刷卡优惠方式，在自行车停车场地加配电子刷卡设备，便于乘客的自行车存取，并加强场地的治安和安全管理。

本文在数据分析的基础上，建立了两层NL模型，模型的主要架构是基于出行者选择轨道交通出行方式之上的衔接方式选择。通过因素调整及参量动态设置，该模型不仅可用于上述的设施布置分析，还可用于交通衔接客流的预测分析。

参考文献：

[1] 黄杉. 城市轨道交通衔接客流预测方法研究[D]. 北京工业大学硕士学位论，2008.

[2] Brown CW. Queens subway options study station access forecasts [A].Transportation Research Record[C]. Transportation ResearchBoard, 1985: 1.

[3] 殷远飞. 城市轨道接驳方式选择研究[D]. 北京工业大学硕士学位论文，2006.

[4] 关宏志. 非集计模型——交通行为分析的工具[M]. 北京：人民交通出版社. 2004.10.

[5] 李之红，吴海燕，赵莉. 城市轨道交通出行者多方式换乘行为决策研究[J]. 铁路计算机应用，2011，20(5)：48-51.

[6] 姚丽亚，孙立山，关宏志. 基于分层logit模型的交通方式选择行为研究[J]. 武汉理工大学学报，2010，34(4)：739-741.

人物访谈

北京紫光百会科技有限公司总经理刘鹏专访

□ 蔡一蕾

——您好，刘总。非常感谢您百忙中抽出时间接受我们的访谈，现在有几个问题想向您咨询一下：

——请您介绍一下建立无忧停车网站目前的最新产品研发、生产、服务分别有哪些，这些产品将如何推广，主要面向哪类客户呢？

刘鹏：51park无忧停车网和手机APP提供的服务和产品是围绕所有驾车者需求的，主要包括三类业务：停车诱导、寻车导引、手机缴费；其中停车诱导主要实现车位查询、路线导航、停车指数预报、停车场服务评论、预约车位等；寻车导引主要实现反向寻车路线导引、停车时间费用估算等；手机缴费主要实现会员通过支付宝、银行卡等充值缴临时停车费，还可购买错时停车、包月停车、预约洗车等其他增值服务。

车位查询和路线导航功能：

这项功能可以有效地帮助驾车者寻找到周边停车场的位置情况及车位概况，无论是在不熟悉的地方或者是繁华地段，驾车者可以快捷地找到停车地点，生成的导航路线直接引导驾车者到停车场的入口位置，不用再盲目地寻找停车场了。

停车指数预报：

无忧停车网对停车场的停车难易程度进行分析和预报，预报采用停车指数的形式，如1~5级，1级代表停车非常容易，5级代表非常难，分别用蓝、绿、黄、红四种颜色代表，客户在地图上看见不同颜色的停车场图标，就可以知道停车场的空满状态，以及未来数小时的空满趋势。

停车场服务评论：

客户可以对停车场的服务水平、设施水平、环境、收费情况、交通状况、其他特色等内容发表评论和评分，这些评论可以使其他用户更加了解停车场的情况，也可以促进停车场和网站改善自己的服务水平，为停车场和客户的互动交流和信任机制提供了一个平台。

寻车导引：

我们对地下停车场的每个车位进行了全国唯一的编码，并用二维条码表示，粘贴在车位旁，驾车者停车后用手机拍码签到，记录停车位置，同时计时器开始计时。当客户要离开时，在停车场中的任一个位置拍码定位，手机APP自动生成导引路线，并显示停车时长和预估停车费用。

手机缴费：

停车缴费一般采用在出口人工缴费、用投币机自助缴费等，前者效率低、排队时间长，后者设备投资大、运行维护麻烦、要备零钱等。而智能手机和电子支付的快速发展，使得用支付宝、银行卡等电子支付手段交停车费成为可能，由于其设备投入少、使用方便、运行维护简单等优势，未来将得到快速发展。

错时停车交易平台：

现在上班族都为上班停车发愁，包月停车位对于只在白天停车的人来说又很不划算，晚上回到家中又需要停车位，一个月等于花了2倍的钱。而停车场也由于车流潮汐现象而浪费了白天或夜间的停车资源，如何解决这个问题呢？无忧停车网提供错时停车服务，将商业写字楼、小区等车位资源有效互换并形成租赁使用，推出日间月卡、夜间月卡、工作日月卡等服务，填补车位空闲时段，提高车位使用率。

——现在市场发展得怎么样？

刘鹏：我们目前的发展成熟市场是北京，已经覆盖了北京5000多个停车场，包括100多万个车位，其中提供动态停车数据的停车场有2000多个，实现电子缴费和错时停车的停车场10多个，另外还覆盖了洗车场10多个。

对于全国市场，我们分两步走，第一步我们做地图、数据、动态数据、车位编码，先解决大家找车位的问题，这些功能都是免费的，由我们公司来投资。现在在推广的城市有上海、广州、深圳、重庆、天津、西安等城市，先吸引客流，增加点击率。之后紧跟着会去推电子化付费，这方面就有了盈利。再一个是互动平台，越大的平台才越有用，如果这个平台跨省，跨城市，停车场有几千、几万个，会员几千万甚至上亿，后面会越走越快，越走越好。

"智慧停车云平台"将很快覆盖到20多个城市和地区。

——请您介绍一下您认为贵公司至今最有特色的产品或服务。

刘鹏："51park智慧停车云平台"是我们创建的最具特点的产品和服务，而这个停车云平台将成为未来提高停车管理和便捷市民日常出行停车的综合性服务平台。我们在停车场管理信息化系统的基础上，通过互联网门户网站、电子地图、移动终端及物联网的数据集中技术，实现数据采集、集中、加工、发布等，加强停车场与驾车者之间的信息交互，并实现城市停车快速诱导和停车费电子交易。

如今的停车服务已经不仅仅依赖于PC终端了，使用手机终端、车载GPS等都可以享受到这项服务。无忧停车手机客户端3.0版本刚刚发布（见图1），受到了广大用户的喜爱和好评。

无忧停车手机客户端特色功能：

1．动态车位数据，快速找到空闲车位；

2．停车费用信息，寻找性价比最好的停车场；

3．精准的停车场出入口定位，精准的停车场导航；

4．车辆定位，寻车导引；

5．通过支付宝、银行卡等电子支付手段直接支付停车费用，交停车费像网上购物一样简单；

6．高精度车牌识别技术，车辆不停车出入；

7．离线地图下载，快速省流量；

8．办理停车月卡、错时卡，洗车、修车享受会员价，手机支付所有费用。

图1 无忧停车手机端3.0二维码

"全图像识别的停车收费、车位引导、反向寻车系统"是我们的另一项极有特色的产品。

停车收费系统采用高精度高清晰度车牌识别系统,出入口不停车通行,加快通行速度,系统结构简单,维护方便。缴费手段主要采用中央人工收费、自助缴费、手机APP自助付费为主,出口人工收费为辅。

车位引导和反向寻车系统也采用每个车位安装的小型摄像头,通过拍摄的图片分析,获取车位的空满状态、车牌号码等信息,驱动车位红绿灯、诱导屏、寻车查询机等设备,实现了空车位引导、反向寻车功能。集中显示每个车位的图片还可以实现车场巡视的功能,以及重点车辆的锁定报警功能等。

"全图像识别的停车收费、车位引导、反向寻车系统"由于其数据量大、功能多、成本造价低、维护方便等,今年得到快速发展,目前基本上已被万达商场作为商业中心停车场的建设标准,其他商场、医院、车站机场等公共停车场也得到普及应用。

——请问您对智能停车管理系统下一步的发展将有什么打算和看法呢?

刘鹏:智能停车管理系统未来的发展应该是无人化、少人化管理,电子支付、自助式服务,停车场智能系统联网管理、数据集中等,这些正是我们"智慧停车云平台"技术所倡导的管理理念,这将大大提高停车管理服务水平,降低管理成本,减少财务漏洞,提高管理效率。所以,我们将大力发展"智慧停车云平台"技术,迅速扩大用户量、停车场数量等。目前无忧停车网正在与商场、医院、机场等停车场商谈合作,无忧卡会员将可以享受停车优惠、过夜车、购物打折、车位预约、自助缴费等服务,停车场也通过平台吸引更多的车流,利用分时优惠、错时停车等各种营销手段提高停车收入,通过车位预定的方式也可抑制忽高忽低的车流不稳定性。

另外,目前国内智能停车管理系统已经开始涉及定位寻车领域,所采用的技术也各有不同。

紫光百会在定位寻车领域所采用的是图像识别车位引导和反向寻车技术相结合的方法。图像识别车位引导技术是在每个车位安装一个车位图像采集终端,用于抓拍车辆照片、识别车位空满状态、提取车牌号码,控制车位状态指示灯的红绿状态,并反馈到场内引导屏上,更新空车位的实时信息。反向寻车技术是通过对车位图像提取车牌号码的方法,记录车辆位置信息,在停车场的缴费处、电梯厅、主要通道等地设置液晶触摸屏查询终端,当驾车者输入车牌号码后,就可以查找到爱车的位置、照片、找车路线等信息,从而帮助驾车者尽快找到车辆,同时也加快车辆周转,提高停车场的使用率和营业收入。该技术一举两得,一个系统兼顾了引导和寻车两个系统,是未来的发展方向。

目前公司最先推出了的手机定位寻车系统,使用二维码或使用wifi定位都可以知道寻车人所在的具体位置,而且实现了连续定位,即使有人方向感不强,拿着手机也可以引领找到车辆停放的位置(见图2)。结合电子支付功能,在寻车的同时可直接通过手机支付停车费。目前，图像识别和手机寻车付费的系统以及在万达广场等大型停车场试运行，年底前将大规模推广。

图2　手机空位寻车系统

都市观察

北京市轨道交通站点停车换乘满意度研究
——以天通苑北站为例

□ 郭彧鑫　孙芳芳

□ 摘要

停车换乘(Park&Ride，P&R)是解决城市中心区交通压力的有效措施之一。至2010年底，北京市建成通车的P&R轨道站点共有13个。经调查发现，建成后的P&R站点运营情况存在"冷热掺半"的现象，有的很快饱和，有的停车率仅25%。通过对地铁5号线天通苑北站P&R设施进行使用者满意度调查，筛选出设施影响因素的相关指标，建立了顾客满意度评价体系，在调查基础上得出满意度测评综合结果。根据分析结果，从使用者的角度，找到影响使用者行为选择的主要因素及不满意因素，分析了P&R周边小区小汽车通勤者未选择P&R设施的原因，并提出相应改善意见。

□ 关键词

轨道交通；停车换乘（P&R）；满意度；评价指标体系

1 引言

随着我国城市化和机动化水平的提高，交通问题日益突出，P&R作为一种新兴的出行模式，是公共交通体系的重要有机组成部分，能够引导个体出行方式进入城市中心区时采用公共交通方式，缓解城市中心交通拥堵，促进城市交通结构优化，并在很大程度上提高了公共交通的使用效率。我国停车换乘设施的规划、建设近年才开始，主要参照国外相关资料进行。至2010年底，北京市建成通车的P&R轨道站点共有13个，根据《北京市总体规划（2004~2020年）》，至2020年，北京市将建成50个P&R换乘枢纽。

国外自1998年开始对停车换乘系统进行了多角度且较为深入的研究和实践。而我国的刚刚开始且指标尚不明确，内容主要针对停车换乘设施选址的优化、需求预测、效率评价等方面。已建P&R设施使用时间不长，从乘客满意度出发，分析使用者选择停车换乘影响因素，并建立满意度评价体系的研究尚未发现。

本文以天通苑北站P&R设施为例，对使用者进行了停车换乘满意度调查，从使用者的角度，对停车换乘设施的影响因素进行了量化分析，结合周边小区的小汽车通勤者未选择P&R的影响因素分析，找到天通苑北停车换乘车站不足之处，从规划、设计、管理等提出一些建设性意见。为完善停车换乘设施建设，提高停车换乘使用率，促进个体出行方式向停车换乘系统转移，和未来建立更完善的P&R设施提供了一定的参考依据。

2 顾客满意度调查与评价方法

2.1 顾客满意度

本次调查基于已修建的P&R停车设施，针对使用的人群，对停车换乘设施的服务质量、安全性和P&R相关服务信息等因素进行了满意度调查。

2.2 层次分析法

层次分析法(AHP)是一种定性与定量相结合的系统分析与决策的好方法。其关键在于以一定的标度把人的主观判断进行客观描述。标度表示的是两两要素之间相对重要性的数量尺度。基于标度的客观性与实用性，本次调查结果应用AHP法对P&R停车换乘的各因素进行重要程度排序。建立树状层次结构模型如图1所示：

通过专家意见，确定四维判断定量化的标度，构造判断矩阵，最终通过计算获得权重。

对准则的判断矩阵见表1~表5：

经过数学计算得出评价指标的权重结果见表6：

表1 对准则层判断矩阵

准则层	安全性	舒适性	便捷性	经济性
安全性	1	9	3	4
舒适性	1/9	1	1/7	1/6
便捷性	1/3	7	1	2
经济性	1/4	6	1/2	1

表2 安全性对指标的判断矩阵

安全性	设施安全性	出入口宽度	配套服务设施	P&R信息
设施安全性	1	6	9	8
出入口宽度	1/6	1	4	3
配套服务设施	1/9	1/4	1	1/2
P&R信息	1/8	1/3	2	1

表3 舒适性对指标的判断矩阵

舒适性	出入口宽度	配套服务设施	步行距离
出入口宽度	1	1/2	1/9
配套服务设施	2	1	1/8
步行距离	9	8	1

表4 便捷性对指标的判断矩阵

便捷性	出入口宽度	剩余车位数	配套服务设施	P&R信息	步行距离
出入口宽度	1	1/9	1/2	1/3	1/8
剩余车位数	9	1	8	7	2
配套服务设施	2	1/8	1	1/2	1/7
P&R信息	3	1/7	2	1	1/6
步行距离	8	1/2	7	6	1

表5 经济性对指标的判断矩阵

经济性	配套服务设施	P&R信息	停车费用
配套服务设施	1	1/2	1/9
P&R信息	2	1	1/8
停车费用	9	8	1

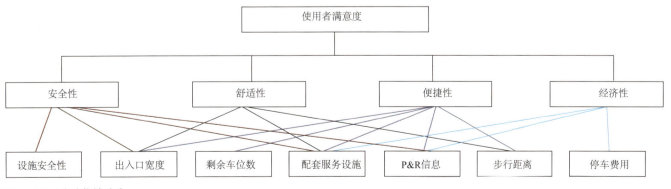

图1 树状层次结构模型图

评价指标的权重　　　　　表6

	剩余车位数	出入口宽度	停车费用	步行距离	设施安全性	P&R信息	配套服务设施
指标重要度	0.12	0.11	0.13	0.12	0.37	0.09	0.06

2.3 调查方案设计

1．基础调查

根据我们的调研和现场走访，基本确定北京市目前轨道站点P&R停车设施共计13处（见图2），调研线路包括：4号线、5号线、10号线、昌平线、顺义线、房山线、大兴线、亦庄线。其中分别在：安河桥北站、天通苑北站、西二旗站、朱辛庄站、生命科学园站、花梨坎站、后沙峪站、长阳站、新宫站、亦庄文化园站、万源街站、荣京东街站、荣昌东街站。根据地理位置的分布，选择了天通苑北、通州北苑、天宫院、生命科学园、亦庄文化园这5个站点进行了客流量、换乘方式比例的基础调查。

表7为基础调查所得统计数据，图3为各站点小时客流量。

对不同区域的站点乘客的换乘现状进行统计结果表明（见图4）：超过70%的乘客采用步行和公交车这两种出行方式到达轨道交通站点，因此，步行和公交车是乘客到达轨道交通站点的最

图2　基础调查地点图

主要方式。

故根据以上调查结果选取小汽车换乘比例中等、停车场车位数中等、停车位基本饱和的站点——天通苑北站，进行了P&R顾客满意度调查。天通苑北站换乘设施见图5。

2．调查地点

天通苑北站是北京地铁5号线的终点站，该线路可与地铁13号线、2号线、5号线、1号线、亦庄线进行换乘。站点位于天通苑居住区以北，周边以居民区为主。停车场停车位共436个。凡在每日4：30－次日0：30期间停放车辆的，凭市政交通一卡通乘坐公共交通（含轨道交通和公共汽

各站点接驳方式现状（2011.5.10-11）　　　　　表7

调查站点	调查时段	步行	自行车（电动）	公交车	小汽车	其他	停车场车位数	平均停车率
天宫院	早高峰	27.03%	20.06%	24.13%	16.28%	12.50%	235	98%
	晚高峰	29.51%	18.75%	25.69%	17.71%	8.33%		
亦庄文化园	早高峰	68.00%	11.50%	2.00%	18.50%	0.00%	198	25%
	晚高峰	79.27%	4.88%	7.32%	8.54%	0.00%		
生命科学院	早高峰	63.55%	17.73%	14.78%	2.46%	1.48%	600	50%
	晚高峰	81.33%	6.67%	10.33%	1.67%	0.00%		
通州北苑	早高峰	44.36%	5.82%	44.55%	2.91%	2.36%	140	110%
	晚高峰	30.50%	7.00%	55.83%	3.33%	3.33%		
天通苑北	早高峰	24.00%	6.33%	54.33%	7.33%	8.00%	436	103%
	晚高峰	18.67%	1.67%	69.33%	8.00%	2.33%		

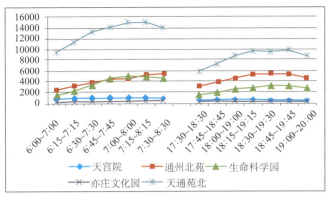

图3 各站点小时客流量

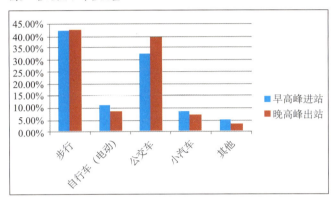

图4 轨道交通接驳方式比例现状

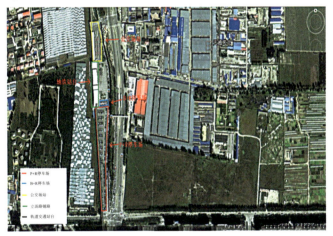

图5 天通苑北站换乘设施示意图

电车)记录,按次收费2元,使用其他交通方式的不享受优惠政策;非换乘车辆停车,按每半小时0.5元计费。

3．调查对象

本次的调查对象为早晚高峰期间使用P&R出行的用户。

4．调查目的及内容

(1)分析调查数据,运用顾客满意测评法由P&R使用者选择出行过程中由于P&R设施影响因素的现状指标评价,并考虑如何对其进行改善。

(2)通过调查了解P&R使用者对P&R设施因素的评价情况,运用顾客满意测评法找出乘客不满意的因素,为下一步开展SP调查属性变量的选取提供依据。

5．抽样方法及样本量

(1)抽样方法:由于人力、物力、财力和时间有限,乘客满意度调查应采用随机抽样调查,在P&R停车场进行调查,调查的工作量小并且可以迅速、及时地获取信息,大大缩减了调查时间。

(2)样本量计算:建模方法最小样本容量到底要多少,研究人员有不同的结论。Chin认为,采用PLS方法(Partial Least Squares,PLS,偏最小二乘建模方法构建城市公交乘客满意度模型)的推荐样本数为30~100,而LISREL方法最小的理想样本数为200~800。金勇进认为使用PLS方法估计顾客满意度模型最小推荐100个样本,最好230个样本以上。也有的学者认为,PLS方法一般要求样本量不得低于待估参数数目的4~5倍。

考虑样本量放大等因素,天通苑北站调查实际采用的样本量为210个(见表8)。

天通苑北站调查量数据　　　　　　　　　　　表8

站点	停车场车位数	早高峰（进停车场）	晚高峰（出停车场）	样本量
天通苑北	436	412	306	210

2.4 调查方案实施

(1)调查方式:由于本次调查的对象为P&R通勤出行者,为了确保调查的顺利进行,并保证问卷质量及数据准确性,采用现场问询调查,并对完成问卷者馈赠小礼品。

(2)调查时间:由于本文主要针对通勤出行

展开研究，为了使数据更具代表性，调查时间安排在工作日的周二、三、四的晚高峰时间段上，天气以晴朗为宜。因此调查选在了周二、周三的16:30~19:30进行。此次调查共回收有效样本个数为166份。

3 基于顾客满意度调查的P&R出行情况分析

3.1 出行信息

从图6统计可见，人们选择P&R停车场的原因主要为其准时性和快捷性。其中使用者以上下班通勤人员居多，其出行耗时主要集中在46min以上。P&R停车场的使用频率多为一周5天，这一结果也正符合以上班为目的的出行者特性。

3.2 换乘者个人信息

从下图中，可得到P&R停车场的使用者的特性。性别上，使用者约2/3为男性。年龄结构上，使用者多为18~40岁中青年；职业构成上，专业技术人员与企业中高级管理人员及事业单位人员所占比例偏大；收入情况上，使用者集中于中层收入人群；学历上，选择P&R停车场的人群学历组成相对较高；IC卡拥有情况上，使用P&R的基本上均拥有IC卡；家庭目前拥有小汽车的情况上，大部分使用者家庭仅拥有1辆小汽车。

出行信息及个人信息数据图表的分析，P&R停车场的使用者具有以下特征：

（1）使用P&R停车场的乘客一般为中层收入、中高学历且男性比例2/3的通勤人员。

（2）人群主要以专业技术人员与企业中高级管理人员及事业单位人员为主。

（3）使用者多拥有1辆小汽车且以拥有IC卡为主。

（4）选择P&R停车场的主要原因是：P&R停车方式的快捷性和准时性。

3.3 满意度分析

1. 重要度测评分析

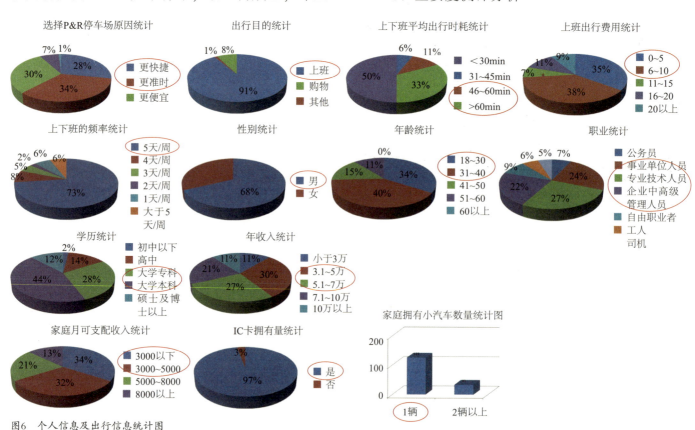

图6 个人信息及出行信息统计图

重要度测评调查结果表　　　　表9

	剩余车位数	出入口宽度	停车费用	步行距离	设施安全性	P&R信息	配套服务设施
最重要	40.74%	15.25%	36.36%	18.28%	14.94%	1.85%	1.64%
较重要	19.44%	18.64%	32.32%	30.11%	24.14%	7.41%	1.64%
一般	19.44%	15.25%	16.16%	21.51%	33.33%	9.26%	21.31%
较不重要	12.04%	28.81%	9.09%	19.35%	19.54%	42.59%	16.39%
不重要	8.33%	22.03%	6.06%	10.75%	8.05%	38.89%	59.02%

指标满意度测评调查结果表　　　　表10

	剩余车位数	出入口宽度	停车费用	步行距离	设施安全性	P&R信息	配套服务设施
很满意	18.90%	1.60%	13.90%	5.70%	18.00%	18.00%	7.40%
较满意	55.70%	3.30%	21.30%	32.80%	50.00%	36.10%	16.40%
一般	20.50%	22.10%	32.00%	41.00%	25.40%	33.60%	38.50%
不满意	0.80%	41.00%	23.80%	15.60%	2.50%	7.40%	29.50%
很不满意	0.00%	25.40%	4.90%	0.80%	0.00%	0.80%	4.10%

对被调查者进行各指标满意度调查中采用五级评分法，分为：很满意\比较满意\一般\不太满意和很不满意，标度取0.95\0.75\0.5\0.25\0.05。

通过表9得到影响P&R使用者重要度排序：

停车费用>剩余车位数>步行距离>设施安全性>停车场出入口宽度>P&R信息>配套服务设施。

其结果与利用AHP法得到的结果（表6）相比较基本一致。故其结果具有适用性、推广性。

2. 满意度测评调查分析

综合所有被访者指标（见表10）得出，P&R换乘出行总体满意度指数计算公式为：

$$A = \begin{pmatrix} 0.189 & 0.016 & 0.139 & 0.057 & 0.180 & 0.180 & 0.074 \\ 0.557 & 0.033 & 0.213 & 0.328 & 0.500 & 0.361 & 0.164 \\ 0.205 & 0.221 & 0.320 & 0.410 & 0.254 & 0.336 & 0.385 \\ 0.008 & 0.410 & 0.238 & 0.156 & 0.025 & 0.074 & 0.295 \\ 0.000 & 0.254 & 0.049 & 0.008 & 0.000 & 0.008 & 0.041 \end{pmatrix}$$

$B = (0.12 \quad 0.11 \quad 0.13 \quad 0.12 \quad 0.37 \quad 0.09 \quad 0.06)^T$

$A \times B = (0.14 \quad 0.36 \quad 0.29 \quad 0.13 \quad 0.04)$

最终P&R换乘满意度测评综合系数为：

$0.14 \times 0.95 + 0.36 \times 0.75 + 0.29 \times 0.5 + 0.13 \times 0.25 + 0.04 \times 0.05 = 0.58$

4　停车换乘方式对P&R站点周边居民出行行为影响

在已有的P&R使用者满意度分析的基础上，对P&R周边用地情况进行了调查，并结合P&R方式的吸引范围，对有效吸引范围内的小汽车通勤用户进行了补充调查，进而寻求影响小汽车通勤者未选择P&R方式出行的行为因素，结合满意度调查结果，给出相应意见建议，从而更好完善停车换乘设施建设，提高停车换乘使用率，促进个体出行方式向停车换乘系统转移。

4.1　调查方案

1. 调查地点确定

结合《2010北京市交通发展年度报告》获得小汽车换乘地铁方式（P&R方式）的换乘比例，如图7所示[5]。

从图中发现接近90%的接驳距离集中在以站点为中心、半径为1~6km的区域范围内。因此，本文选取比例较高达到60%的1~3km的范围作为

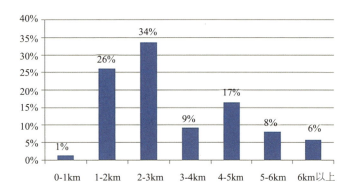

图7 小汽车换乘轨道交通前端接驳距离分布图

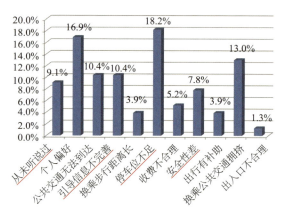

图8 影响小汽车通勤者选择P&R方式进行出行的原因统计图

P&R方式的主要吸引区域。

考虑到调查所需的人力、物力、财力等因素，不可能对站点周边的所有居民区进行调查，因此，本文依据P&R方式的主要吸引区域（1~3km）、居民小区的房价选取了2个合适的居民小区作为具体的调查地点。小区具体情况如表11所示：

调查小区信息统计表　　表11

调查小区名称	总建筑面积（m²）	容积率	户数（户）	小区停车位（个）	停车位收费情况	目前房价（元/m²）
燕城苑小区	490000	2.9	2400	1500	北区80 南区150	14860
望都家园	200000	2.83	635	408	免费	15003

2．调查方式选择

为保证调查数据的准确性，采取的调查方式为调查员对被调查者进行现场问询的调查方式，为提高被询问者的积极性，在完成问卷时赠送一定的小礼品。

4.2 调查数据分析

本次调查在两个居民小区共进行了100份问卷调查，其中收回有效问卷共86份。图8为小汽车通勤者未选择P&R方式进行出行的影响因素统计图。

从图中可见，在影响小汽车通勤者选择P&R方式进行出行的原因中：停车位不足、个人偏好、换乘不方便、公共交通拥挤、安全性差、导向信息不完善和从未听说过成为相对主要的原因。其中，停车位不足、停车场安全性差、导向信息不完善、未听说过这4方面问题是P&R本身存在的问题，并可通过政策和措施加以重点改善。在下文中，会针对这些问题提出相应的改善措施和意见。

5　P&R改善措施及建设意见

5.1　使用者角度

满意度测评综合系数结果0.58，与我国服务业满意度指数0.8的服务良好标准相比虽有一定差距，但相较于北京市交通满意度评比结果0.40来说，使用者对于P&R换乘服务体系的满意度相对较高。

满意度测评得到在满意度评价体系的7个指标中，使用者最看重停车费用、剩余车位数、步行距离。相比，停车场出入口的宽度、配套服务设施建设这两个指标满意度最低。因此，现有P&R停车场应着重从停车场出入口的宽度、配套服务设施建设这两方面进行改善。

（1）使用者对停车场出入口宽度的不满意，主要是由于出入口缴费时间过长，造成出入口拥挤。故建议采用ETC(电子不停车收费系统)缴费方式，以减少车辆停车及候车时间。后续研究中拟改变指标名称"出入口宽度"为停车出入效率。

（2）配套服务设施建设方面，P&R停车场周边的小型超市、加油站和自动取款机等服务性设施需求较大。因此建议在P&R停车场周边建设这类配套服务设施。

5.2 小汽车通勤者角度

小汽车通勤者出行方式选择因素中，停车位不足、停车场安全性差、导向信息不完善、未听说过四方面为主要需改善问题。具体问题和措施如下：

（1）调查中，部分通勤者由于车位不足而无法找到车位。因此为了保留P&R使用者，应对P&R停车场进行合理的需求预测。天通苑北站P&R停车场停车位不足问题，由政府解决。

（2）由于天通苑北P&R停车场周边有轨道及公交换乘枢纽，流量较大，停车场仅在入口处设置一个摄像头进行监控。使得部分小汽通勤者考虑到安全性而未选择P&R方式。故建议加强停车场的防盗设施，合理增添监控设施数，并由专人进行值班监控。

（3）停车率未能在停车场外行驶路段上得以显示，出行者怕没有停车位，导致出行时间的延误。故建议P&R停车场的停车信息能够进行实时联网、数据共享。

（4）小汽车通勤者调查中，9.1%的被调查者没有听说过P&R停车场，说明P&R停车方式的广泛度还要进一步提高。建议政府加大P&R这种新型出行方式的宣传。

5.3 综合改善意见

从规划建设管理各方面，提出改善建议，按操作由简到繁排序如下：

（1）加大P&R停车方式的宣传力度，提高其认知度；

（2）合理增添监控设施数量，并安排专人值班，保证安全性；

（3）对目前停车场车位数不足站点，展开需求调查和周边空间情况调查，争取合理增加P&R停车场车位数，满足使用者需求；

（4）P&R停车信息进行实时联网，可利用多方式进行查询停车场停车状态；

（5）建议结合ETC(电子不停车收费系统)，调整缴费方式，提高出入口效率；

（6）在P&R停车场周边配建小型超市、加油站和自动取款机等配套服务设施。

6 结束语

本文通过对北京市地铁5号线天通苑北站P&R停车场乘客满意度调查，运用顾客满意测评法分析使用者选择P&R出行的影响因素的现状指标，建立顾客满意度评价体系。就满意度测评综合系数结果，提出根据乘客特性并结合周边小区的小汽车通勤者未选择P&R的影响因素分析，有针对性地进行设施、服务的改进，从而提升乘客满意度，达到保留乘客的目的，同时避免改善时的随意性和盲目性。以更好地提高停车换乘使用率，促进个体出行方式向停车换乘系统转移，促进P&R发展，最终达到改善北京城区交通拥堵现状。

参考文献：

[1] Guan HongZhi and Nishii Kazuo. A Modeling Method for Estimating the P&R Demand[A]. Traffic and Transportation Studies Proceedings of ICTTS 2000[C]. 2000.

[2] 裴玉龙, 张茂民. 基于路网的换乘强度研究[J]. 城市交通, 2004.

[3] 董肇君. 系统工程与运筹学（第2版）. 国防工业出版社, 2009.

[4] Hoyle, RickH..Statistical Strategies for Small Sample Research[M].Thousand Oaks, CA:Sage Publications, 1999.

[5] 孙芳芳. 轨道交通站点P&R换乘影响因素研究[D]. 北京：北京建筑工程学院, 2012.

[6] 肖裕民. 城市交通满意度定量化评价方法探讨[J].重庆交通大学学报, 2009.

滨海旅游城市停车规划技术方法研究
——以三亚市停车专项规划为例

□ 戴继锋　杜　恒　陈　仲

□ 摘要

滨海旅游城市面临城市内部交通和旅游交通的双重压力，因而在停车系统规划上具有其他城市所没有的特征。本文从现状停车需求以及设施的供给调查入手，摸清三亚市目前停车现状及供求特征。在研究分析15个国际滨海旅游城市停车规划、停车管理方面的先进经验的基础上，结合三亚市自身的特点，提出了三亚市停车规划的四项原则及三项政策。文中提出的技术路线值得国内旅游城市借鉴。

□ 关键词

滨海旅游城市；停车规划；停车管理

1　简介

作为我国著名的热带滨海旅游城市，经过20多年的发展，三亚热带滨海旅游业进入了黄金发展期，社会经济水平和城市面貌也发生了巨大变化。随着三亚城市化进程和旅游产业的快速发展，城市面积日益扩张，游客数量逐年递增，中心区密度不断增加，导致三亚面临着城市交通和旅游交通带来的双重压力。目前春节高峰时期，老城区旅游人口和户籍居民在高峰期可达甚至超过1∶1。而且外来游客出行次数多，机动化程度高，高峰期产生的交通量已经大于城市居民。这使得旅游高峰期间三亚中心城区特别是老城区的交通压力已经远远高于全国城市的平均水平，达到或接近了北京、上海、广州等特大城市的交通负荷水平。而交通系统的动态和静态方面对应的问题就是交通拥堵和停车困难。三亚这种专业化旅游城市的城市特性，决定了其停车问题相对于其他城市的不同根源。

本次规划范围分为滨海地区、中心城区、河西片区三个层面，具体范围见图1。不同层面规划的侧重点各有区别：统筹规划滨海地区、详细设计中心城区以及近期改善河西片区。

图1 规划范围示意图（滨海地区与中心城区层面）

2 三亚停车现状特征及主要问题

2.1 对三亚停车问题认识不足，缺乏有效应对方法

1．对土地利用和停车问题的联系缺乏认识

现状三亚的土地用地特征还是以老城区为核心的单中心发展模式。中心城区人口密集，开发强度大。中心城区公共服务设施集中，也导致外围片区的游客进城频繁，这使得中心城区以滨海地区10%的面积承载了80%的停车需求。

而河西片区又是中心城区的核心，其公共服务设施用地占全市的24.5%，其中行政办公用地占了近三成，仅解放路沿线的市级行政办公机构就多达30多家。商业金融业用地占全市68.17%。医疗卫生用地占全市的69.47%，床位数占全市病床数的80%以上。公共服务设施的集中，直接导致了停车需求压力的集中。不同层面停车需求密度对比见表1。

不同层面停车需求密度对比　　　表1

	滨海地区	中心城区	河西片区
面积	1250km²	约188 km²	4.15 km²
人口	45万人	28万	11万
停车需求	4.7万个泊位	3.8万个泊位	1.1万个泊位
需求密度	40个/km²	200个/km²	2600个/km²

2．对停车问题和交通系统整体运行的关系缺乏认识

以河西片区为例，路侧停车用了大量的道路资源，占用的道路面积达到了道路总面积的11%，而且一半以上的路侧停车泊位分布在解放路等干路两侧。大量的路侧停车降低了道路通行能力，同时停车泊位的短缺使得路面巡游交通量增加，进一步以增加了交通拥堵。可以说在河西片区的高峰小时，出现了路网高饱和度运行和停车需求大量集中的双重压力，道路交通运行在动静两个方面都面临沉重负担。根据调查，现状河西片区现状路网容量1.2万pcu/h，出入口容量1.7万pcu/h（双向）。现状泊位需求已达到1.1万个，接近路网容量上限，同时河西片区现状高峰小时道路平均负荷度在0.8左右，停车泊位的紧张已经造成动静干扰严重。

3．停车相关政策管理不成体系

现状三亚仅有配建指标和收费标准两项停车相关政策，没有形成规划、建设、管理通盘考虑的政策体系。而且现行政策都有较为明显的不合理之处，执行落实情况堪忧。同时存在春节高峰应急方案针对性较差，违章停车处理力度不足，缺乏对停车行为的有效引导，停车秩序混乱。同时市民意识尚待提高，设施建设投资模式落后等一系列问题。这些问题反映了停车问题的各个方面，是相互制约和联系的，如果没有从整体上制定思路清晰，结构完整的停车政策体系，想系统性地梳理和解决现状停车存在的问题是不现实的。

2.2 停车设施建设较为落后

1．配建停车未能发挥供给主体作用

配建停车应为城市停车的主体，应解决80%~85%的停车需求，三亚市多年来停车配建指标执行不利，很多建筑未建设配建停车场。以

河西片区为例，80%的建筑配建停车泊位不足，现状配建泊位数量仅能满足实际需求的一半。很多配建停车场还被挪作他用。加之地下停车场平均利用率不足70%，进一步加剧了配建停车短缺的局面。同时建材城、汽配城等停车需求最为集中的建筑配建停车泊位建设的情况最差，导致周边停车矛盾日益突出。

2．公共停车设施建设缺口突出

公共停车应为配建补充，缓解配建不足引发的停车矛盾，占供给比例10%~15%左右。而三亚市中心城区现状公共停车场不足10处，停车需求最为密集的河西片区仅有两处公共停车场，其中还有一处因无人管理处于闲置状态。同时，除大东海地区的旅游公共停车场外，其他公共停车场距离公建设施集中区域较远，不能为停车矛盾突出地区缓解压力。同时外围货车停车场未能启用，货车进城与小汽车争抢为数不多的停车泊位，进一步加剧了泊位的紧张。

3．路侧停车设施总量过大、布局随意

路侧停车设施合理比例一般在5%左右，三亚市由于配建停车总量的不足，导致停车需求大量溢出至路侧，而现有路侧停车供给迁就于停车需求，致使中心路侧停车泊位占供给总量的比例在10%以上，河西片区更是占到了23%，路侧停车泊位总量过多造成了道路资源的大量占用，影响道路慢行空间及景观。而且现状路侧停车泊位布局没有考虑和道路功能的协调，河西片区50%的路侧停车泊位分布在解放路等交通性功能很强的干路上，这样造成的动静干扰加剧了停车难的局面，也使得交通拥堵更为严重。

2.3 对旅游停车重视程度不足

1．对旅游停车的特点认识不足

三亚市作为旅游城市，停车问题具有其特殊性。现状三亚中心城区居民小汽车拥有率只有50辆/千人，只有北京的1/5，之所以会出现严重的停车问题，外来游客停车需求的叠加是重要的原因。外来游客停车有诸多不同于本地居民的特点，主要表现在时间和空间分布的不均匀。例如春节高峰最大需求是平时需求的2.4倍，全天出行集中在中午和晚上的用餐时间，停车主要分布在餐饮娱乐设施周边等等。只有充分认识把握旅游停车的特点和规律，才能客观认识三亚停车问题，才能找到解决三亚停车问题的思路。

2．旅游停车设施供给标准落后

针对外来游客的实际停车需求，外围景区、外围度假区、市内旅游区、餐饮娱乐设施等游客聚集的区域应根据各自特点，采用不同的思路解决停车问题。但由于对旅游停车的认识不足，但目前上述设施均按照1996年老配建指标进行配建，尚未有针对性地制定停车供给政策，游客停车需求得不到满足。

3．滨海停车泊位不足导致旅游人气下降

三亚滨海旅游资源丰富，但停车泊位的不足限制了滨海旅游的发展。首先，滨海岸线缺乏便捷的停车服务，车辆无处可停，势必降低滨海游客数量。其次，不合理的停车大量占用慢行系统资源，破坏了慢行环境，降低滨海旅游质量，滨海旅游人气逐渐下降。

4．滨海地区规划对停车设施考虑不足

滨海各片区上一版控制性详细规划（后简称"控规"）中，对停车需求认识不足，社会公共停车设施规划较少，部分片区甚至未预留公共停车场用地，且配建指标参照1996年指标执行，未对停车采取足够的重视，致使停车问题没能在规划中予以解决，停车矛盾日益突出。

3 停车发展国外案例借鉴

本研究选择了15个国际滨海旅游城市,对其停车体系进行了系统研究。根据城市岸线功能和停车设施布局特点的不同,国际滨海旅游城市岸线可分为以下四类,分别是:

城市生活岸线、城市旅游岸线、外围度假岸线、邮轮游艇岸线。

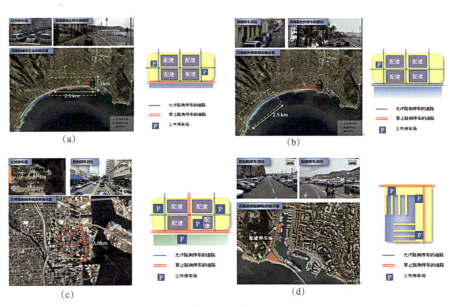

图2 规划范围示意图(滨海地区与中心城区层面)

1. 城市生活岸线

城市生活岸线以尼斯老城区滨海岸线为例,如图2(a)所示。城市生活岸线历史悠久,古风古貌独具特色,有开发滨海慢行的潜力。由于岸线周边区域城市功能高度集聚,用地紧张,故停车设施模式以配建为主,辅以小规模、高密度的社会停车场。同时,为了保证岸线品质,或在受道路条件限制的情况下,滨海路往往禁止路侧机动车停放,而在滨海路切向及腹地有条件的支路采用路侧停车。这样在保证通行顺畅、游览便利的同时,又有助于保持城市历史风貌的完整性。

2. 外围度假岸线

外围度假岸线以尼斯外围酒店聚集区岸线为例,如图2(b)所示。度假岸线沿途多为宾馆、酒店,滨海路慢行需求相对较少,用地也相对宽松。停车设施模式在强调以配建为主导的前提下,积极利用挖潜等方式开放滨海路侧停车,并支持支路路侧停车,以此缓解公共停车场数量不足带来的停车压力。

3. 城市旅游岸线

城市旅游岸线以迈阿密核心区岸线为例,如图2(c)所示。旅游岸线的滨海沿线及其周边区域分布的多为高层商业、办公建筑以及酒店、住宅公寓。这些建筑群均利用自身配建的停车泊位提供便捷停车服务。另外,由于用地条件宽松,公共停车场泊位数量充足,且分布密度较高,再辅以部分支路路侧停车即可满足停车需求。

4. 游艇邮轮岸线

游艇邮轮岸线以尼斯游艇区线为例,如图2(d)所示。游艇邮轮岸线均设有专用集散道路,交通性道路功能明显。在保证码头区域自身配建停车设施的同时,还可将部分生活性道路开放用于路侧停车,但需要妥善处理相关交通组织。

纵观各滨海旅游城市对停车问题的解决途径,可以看出停车问题是一个综合性问题,从法规建设到思想普及,从设施建设到管理完善,停车问题要想得到妥善解决,必须站在整体交通系统发展的全局角度统筹考虑。在此过程中,以需求管理为核心的政策体系是应对停车问题的关键措施,以配建设施为主体的供给结构是建设停车设施的核心内容,以滨海岸线为特色的停车系统是发展旅游城市的重要部分。

4 三亚停车体系布局规划

4.1 三亚市停车战略规划

作为一个国际热带滨海旅游风景城市，总规对三亚市空间布局进行调整后，形成滨海旅游功能带和城市功能片区两个功能层。滨海地区集中发展旅游度假功能；城市功能片区完善城市功能及旅游服务设施，如图3所示。

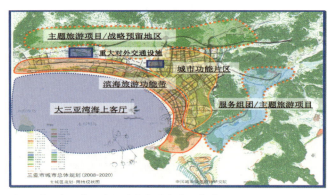

图3 总规中心城区空间功能分层布局示意图

三亚市城市交通发展面临双重压力，机动化迅速膨胀与旅游交通持续增加。在较小空间尺度上组织大量季节性交通需求为三亚市停车问题带来严峻挑战。在战略层面，必须明确以需求管理为主导；且面临空间受限、资源紧缺的局面，必须主要依靠建筑物自身配建泊位解决；鉴于三亚城市空间功能层次明显的特点，借鉴分区管控经验、对不同区域实行差异化的停车政策。

4.2 三亚停车体系构建

本次规划技术路线图如图4所示。根据总量控制、分区对待、配建有限和突出特色四条基本原则，统筹资源、动态推进，分别从整体控制、设施建设和配套管理层面进行三亚市停车体系的构建。

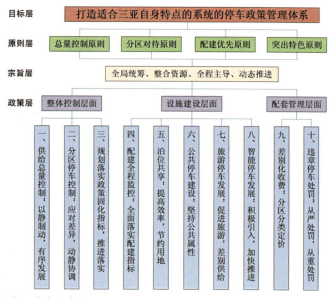

图4 技术路线图

在整体控制层面：首先对总量进行控制。对停车泊位的整体规模进行适度控制，泊位满足率控制在94%，其中基本停车需求力争100%满足，社会停车需求满足率控制在75%~90%，以静制动，与交通发展模式相协调。供给上以配建为主体（承担75%~90%），公共停车场（承担10%~20%）为辅助，路内停车（承担4%~8%）为补充。其次是分区对待，将三亚市划分为严格控制区、适度控制区和协调发展区三大区域，不同区域体现不同策略。外围新建区以配建为主，而中心城内部新建建筑不多，以路内停车为主。

在设施建设层面：建筑配建泊位全程跟踪，保障泊位措施落实；建立泊位共享机制，相邻地块或建筑内布置具有停车需求互补性的业态形式，可实现停车需求削峰填谷、停车泊位错时共享，从而提高配建泊位的使用率，减少泊位配给；此外还应当多方式保障公共停车场建设，充分考虑旅游停车设施，发展智能停车管理等措施。

在配套管理层面：执行差别化的停车管理政策，对区域、对设施类型、分时段实行不同的收费标准。完善违章停车处罚政策。

4.3 三亚市停车体系布局规划

首先依据中心城区分区停车控制政策，结合不同片区的城市实际情况和城市发展规划意图，对不同片区的各类停车设施供给比例进行差别化控制。通过考虑不同片区的位置、功能、现状和改造意图的差别，制定各类停车设施供给比例分区控制指标。

之后，在停车措施落实方面，依据不同片区实际情况进行具体细化考虑。从三亚市停车配建指标体系的建议值中可以看出分区对待原则在停车配建中的落实。在公共停车场方面以控规为媒介，依据各个控规对编制范围内空间布局、用地功能的规划意图，并考虑既有建成区不同的更新改造模式，进行公共停车场布局。在路侧停车落实方面，依据综合交通规划确定中心城区规划路网中允许停车和禁止停车的主次干路。在支路上具体考虑实际情况进行路侧停车泊位的设置。三亚市中心城区停车场布局见图5。

4.4 三亚市停车改善近期实施规划

为了将规划中的核心理念和措施固化，避免规划流于纸面，保证规划顺利实施，本项目从三个层面对三亚市停车改善规划进行控制。首先宏观层面上制定《三亚市停车设施规划建设管理技术规定》，由三亚市政府发布实施，作为三亚地方性规定，作为今后停车规划管理、设施建设、行政执法的依据。其次中观层面上优化设施，从建设或回复配建停车泊位、建设公共停车场、调整路侧停车泊位三方面入手。最后，在微观层面上推进改善，进行重点地区的停车改善示范工作。通过上述三个层面让本次停车规划得到彻底贯彻和落实。

5 总结

本文结合三亚市总体规划、三亚市综合交通运输体系规划对三亚市的停车规划进行了深入、系统的分析和研究。通过数据调查摸清三亚是目前的停车现状，并对规划年的停车需求进行了预测。作为国际滨海旅游风景城市，三亚市面临城市交通与旅游交通的双重压力，游客的到发季节性变化显著，保证平峰期间停车基本需求有尽量满足高峰期间的需求是本次规划的重点之一。在对国外15个滨海国际旅游城市的停车规划、管理体系进行深入的研究之后，提出了三亚市停车规划的战略构想，并落实到技术路线图中。

文中提到的停车规划的四个原则以及在政策层面的三项措施，不仅仅适用于三亚自身，同样也适用于国内其他旅游型城市。文中的一些思路

(a) 公共停车场布局图　　　　　　　　　　　　(b) 路侧停车场布局图

图5　三亚市中心城区停车场布局图

同样值得国内其他城市借鉴、参考。

参考文献：

[1] 中国城市规划设计研究院. 三亚市城市综合交通规划[R]. 北京：中国城市规划设计研究院，2011.08.

[2] 中国城市规划设计研究院. 三亚市老城区综合交通整治[R]. 北京：中国城市规划设计研究院，2010.03.

重点发展新城
——顺义停车车位预测实证研究

□ 杨正兵　高颖寰

□ 摘要

　　本文针对北京市重点发展新城——顺义综合交通现状，应用主成分分析法选取主要的停车需求影响因素，通过重点新城的社会经济、机动车保有量、机动车出行水平等因素分析停车供需现状，并根据社会经济发展趋势，结合相关影响因素预测了机动车保有量，并以此为基础综合拥车停车需求预测和用车停车需求预测两方面建立停车需求优化模型，得出停车需求发展趋势。

□ 关键词

重点发展新城；停车供需；需求预测

1　概述

　　《北京十一个新城规划(2005~2020年)》中，规划的11个新城分别是昌平、大兴、怀柔、密云、门头沟、平谷、延庆、房山、顺义、通州和亦庄，其中，顺义、通州和亦庄将作为重点发展新城。依据北京城市总体规划，新城是北京"两轴—两带—多中心"城市空间结构中两个发展带上的重要节点，是承担疏解中心城人口和功能、集聚新的产业，带动区域发展的规模化城市地区。

　　顺义新城具有北京的现代加工制造业基地、物流配送枢纽、国际交往中心、生态旅游的城市职能，顺义区首都国际机场和临空经济区使其既具有其他重点发展新城的共性特点，又具有由首都国际机场所产生的特性，相比通州、亦庄重点发展新城中具有最具典型代表性。因此，选取重点发展新城中的顺义新城作为研究案例，进行停车需求预测研究，并由此对整个发展新城进行停车问题和保障机制相关分析和研究。

2　顺义新城概况

　　顺义是北京重点建设的新城、临空经济高端产业功能区和现代制造业基地。依据《北京城市总体规划(2004~2020年)》，顺义是"东部发展带的重要节点，北京重点发展的3个新城之一"，主要承担引导发展现代制造业以及空港物流、会展、国际交往、体育休闲等功能。到2020年，顺义新城人口控制规模90万人，规划用地控制规模162km^2，"一港、两河、三区、四镇"将成为顺义乃至北京市东北部地区的发展核心。中国最大的航空港——首都国际机场坐落境内，投资260亿元的首都机场扩建工程已经竣工投入运营。在交通方面，公路总里程达到1787km^2，路网密度达到1.75km/km^2，大秦、京承两条铁路穿越顺义全境，机场高速、京承高速、机场北线高速、六环路等主要干线四通八达，东直门首都机场轻轨的投入运行，城市主干道路和镇村公路建设的不断完善，构成了多元化的综合交通运输体系。

随着顺义区首都国际机场的建立，以及临空经济区高端产业、现代制造业的快速发展，顺义区综合交通网络不断完善，交通运输需求迅速增长，致使停车需求急速增加。但由于长期以来对停车问题的发展估计不足和认识滞后，在过去的总体规划和控制性详细规划中，对停车设施的规划滞后于实际停车需求，缺乏科学、详细的停车场专业规划；在停车管理方面，停车执法力度不够，停车收费标准方面比较混乱等；此外，由于建筑物配建指标执行晚，导致停车场缺口越来越大，历史欠账逐年增多，这种现象在中心城区尤其明显，这直接造成了目前配置车位不足和停车矛盾的逐步显现。

3 基于弹性区间的停车车位需求预测优化模型

根据拥车停车需求和用车停车需求，分析不同区域的停车高峰时段的机动车出行水平，利用时空消耗资源的特性，充分考虑机动车出行后原有的拥车停车车位在出行时间段内转换为用车停车车位的可能，以及相关建筑物配建和相关居民小区的停车车位空闲车位的可利用性，由于用车车位预测模型是在停车高峰时段进行的出行车辆停车需求量预测，如果考虑到出行目的地原有的空闲拥车车位，这种时空上的交错造成了拥车停车需求和用车停车需求据以一定的交叉，获得条件约束下的最小停车车位需求量和最大停车车位需求量，形成停车车位需求量弹性区间，然后根据相关空闲车位可利用性，进行科学、合理、经济的停车车位需求量预测。据此，建立基于弹性区间的停车车位需求预测优化模型。

最大停车车位需求量 $Q_{\max}(t)$ 为：

$$Q_{\max}(t) = P_1(t) + P_2(t) \qquad (1)$$

最小停车车位需求量 $Q_{\min}(t)$ 为：

$$Q_{\min}(t) = P_1(t) + \sum_{i=1}^{n} P_{2i}(t) - P'_{2i}(t) \quad (P_{2i}(t) > P'_{2i}(t)) \qquad (2)$$

基于弹性区间的停车车位需求预测优化模型为：

$$Q(t) = P_1(t) + \sum_{i=1}^{n} P_{2i}(t) - P'_{2i}(t) \cdot \alpha_i \quad (P_{2i}(t) > P'_{2i}(t) \cdot \alpha_i) \qquad (3)$$

式中 $P_1(t)$ ——规划区域内 t 年度的日均拥车车位停车需求总量（标准车位）；

$P_2(t)$ ——规划区域内 t 年度的高峰时段停车需求量（标准车位）；

$P_{2i}(t)$ ——第 i 停车中区用车停车需求量（标准车位）；

$P'_{2i}(t)$ ——第 i 停车中区机动车出行量（标准车位）；

α_i ——第 i 停车中区空闲停车位可利用系数。

4 顺义新城拥车车位需求预测

停车场发展战略是交通发展战略的一个重要组成部分，停车规划应根据顺义新城的功能定位，对不同区域的停车采取差异化策略；规划建设与新城功能、人口规模相匹配的停车设施系统，配合实施交通需求管理，支持城市和地区交通体系总体发展目标定位要求，实行差别化的停车供给，功能区域划分见图1。

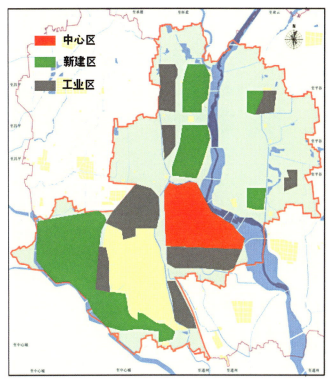

图1　功能区域划分

在进行停车需求预测之前，结合顺义新城功能区域划分，根据新城的土地利用特征、交通现状，以发展新城综合交通规划中划分的既有交通小区为基础，将发展新城划分为14个停车分析中区，展开对停车中区的拥车车位需求分析和用车车位需求分析，停车中区划分如图2所示。

根据顺义新城交通管理相关部门提供的机动车保有量资料。统计各小区的现状机动车保有量，然后根据小区与中区的对应关系，得到停车中区机动车保有量，同时结合北京市《北京市小客车数量调控暂行规定》，对区域机动车保有量进行预测，然后对机动车拥车车位停车需求进行预测。经过运算后得出预测结果，2015年、2025年拥车停车需求预测分别见表1、表2。

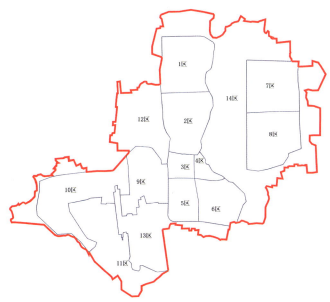

图2　停车中区划分

表1　2015年拥车停车需求预测

中区编号	拥车车位需求	中区编号	拥车车位需求
1	15749	8	16754
2	24294	9	12732
3	23456	10	22785
4	19938	11	56296
5	11728	12	876
6	23288	13	6702
7	6704	14	1055

表2　2025年拥车停车需求预测

中区编号	拥车车位需求	中区编号	拥车车位需求
1	21874	8	23270
2	33743	9	17684
3	32579	10	31647
4	27692	11	78189
5	16290	12	1217
6	32345	13	9309
7	9312	14	1466

5　顺义新城用车车位需求预测

综合考虑土地利用、交通、停车三者之间的关系，通过调查顺义新城不同停车中区的用地性质、高峰时段道路交通量基础上，建立用地分析与交通影响分析用车需求模型，并结合顺义新城实际土地利用与交通现状标定相应参数。经过运算后得出预测结果，2015年、2025年拥车停车需求预测分别见表3、表4。

表3　2015用车停车需求预测

中区编号	用车车位需求	中区编号	用车车位需求
1	6614	8	6869
2	10932	9	5729
3	11962	10	10025
4	9171	11	23081
5	5629	12	446
6	11411	13	2948
7	3553	14	432

表4　2025用车停车需求预测

中区编号	用车车位需求	中区编号	用车车位需求
1	9187	8	9540
2	15184	9	7957
3	16615	10	13924
4	12738	11	32057
5	7819	12	620
6	15849	13	4095
7	4935	14	601

6　顺义新城停车车位需求预测

根据4与5得到的结果，获得条件约束下的最小停车车位需求量和最大停车车位需求量。并以此为基础，运用基于弹性区间的停车车位需求预测优化模型预测停车需求结果。经过运算后得出预测结果，2015年、2025年停车需求预测分别见表5、表6。

表5　2015停车车位需求预测

中区编号	停车车位需求	中区编号	停车车位需求
1	19686	8	20942
2	30367	9	15915
3	29320	10	28481
4	24922	11	70370
5	14660	12	1095
6	29110	13	8377
7	8380	14	1318

表6　2025停车车位需求预测

中区编号	停车车位需求	中区编号	停车车位需求
1	27342	8	29087
2	42178	9	22105
3	40723	10	39558
4	34615	11	97736
5	20362	12	1521
6	40431	13	11636
7	11640	14	1832

根据以上数据，得出2015年、2025年顺义停车需求分布图见图3、图4：

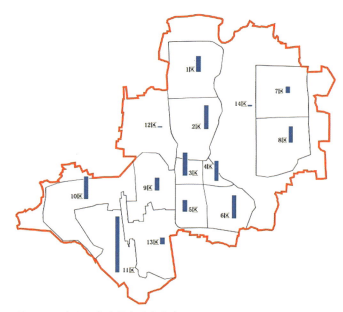

图3　2015年顺义新城停车需求分布

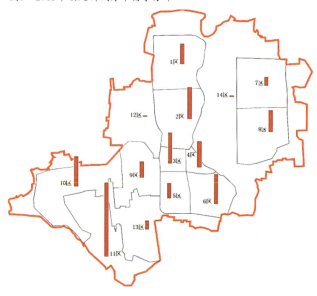

图4　2025年顺义新城停车需求分布

7 小结

本文首先选择顺义新城为预测对象,对顺义新城停车概况进行了分析,应用建立需求预测模型分别对顺义新城拥车停车需求和用车停车需求进行预测,运用基于弹性区间的停车车位需求预测优化模型进行预测,计算后得出各个停车中区的预测年停车需求量。

通过对新城停车设施规划建设、停车设施运营管理、保障机制三个方面的深入分析,分别从路外公共停车场规划建设、建筑物配建停车场规划建设、运营管理信息化、健全停车管理法规、停车场的充分利用、路内停车管理、停车收费费率制定机制等方面,提出解决新城停车问题的对策措施,并针对停车对策措施的实施,提出了相应保障机制。

参考文献:

[1] 安实,王健. 停车需求预测与管理[J]. 交通运输系统工程与信息,2001,1(3):212-216.
[2] 关宏志,王鑫,王雪. 停车需求预测方法研究[J]. 北京工业大学学报,2006,32(7):600-604.
[3] 清华大学. 大城市停车场系统规划技术——国家"九五"科技攻关专题报告[R],1998.10.
[4] 陈峻,刘东,陈学武等. 城市停车设施选址模型与遗传算法设计[J]. 中国公路学报,2001,14(1):85-88.
[5] 北京市城市规划设计研究院等. 北京市停车系统规划研究[R],2003.5.
[6] 郭黎明. 城市居住区停车规划设计研究[D]. 西安:长安大学硕士学位论文,2010.
[7] 夏晓梅,何继平,范炳全. 停车设施选址的双层规划模型[J]. 数学的实践与认识,2011,41(7):23-28.
[8] 南京市交通规划研究院. 北京市停车发展规划与综合对策[R],2005.
[9] 李志兵. 大城市停车需求与供应对策研究[D]. 重庆:重庆交通大学硕士学位论文,2007.
[10] 张俊杰. 城市公共空间停车问题分析与对策[J]. 山西建筑,2011,37(9):27-28.
[11] 于士元. 城市停车需求预测与需求管理研究——以天津市中心城区为例[D]. 天津:天津工业大学硕士学位论文,2008.

基于居民意愿的停车改造及其综合评价
——以方庄居住区为例

□ 张秀嫒

□ 摘要

建设年代较早的老旧居住区的停车问题日益突出，目前，老旧居住区停车改造的相关研究中，多就小区车辆增长趋势给出改造方案。本文主要从居民意愿和停车需求两方面入手，考虑小区本身特性、小区内人员年龄组成等多个因素。为适应居民生活水平提高下的宜居环境和交通需求，对老旧居住区采用意愿调查互动的方式形成改造方案，用居民意愿调查结果反馈改造需求和改造效果，充分考虑居民想法，从居民的角度解决问题，提高城市宜居水平。

□ 关键词

停车改造；停车需求分析；综合评价

1 引言

老旧居住区是指我国建设于20世纪80年代以前的居住区。我国老旧居住区停车难的问题越来越受到大家关注，老旧居住区停车改造不仅要满足现代都市化需求，而且需要解决与居民公共生活空间协调的问题。针对这些居住区进行深入的分析研究和规划，在这个基础上，提出现实的、合理的改造方法，充分发挥既居住区的使用功能，建立和谐的小区环境，达到停车环境与居住环境共享、共用与互补的目标。

2 方庄老旧居住区停车需求分析与居民意愿反馈

方庄是北京第一个整体规划的住宅区域，始建于20世纪八九十年代，位于东南二环，方庄居住区以"十"字路和环路系统构成基本骨架，"闹街"横穿东西，"静街"纵贯南北，各住宅区中心有环形林荫步行街道相通。全区由十字路划分成四个小区：芳古园、芳城园、芳群园、芳星园。区内楼盘还有紫芳园、方安苑、芳城东里、方庄6号、方恒偶寓等。

2.1 停车需求分析

表1为芳城东里周边小区停车位需求量统计。

芳城东里居住区周边停车位需求量统计　　表1

	建筑面积（万平方米）	户数	0.5×户数	停车位
时代绿荫	4.0	264	132	
10AM		1527	764	
芳林苑1、2号楼	5.5	367	183	128
广顺园1、2、3号楼	6.7	509	255	
芳城东里3-8号楼	6.0	766	383	180
紫芳园一区	13.4	1532	766	505
紫芳园二区	14.7	780	390	350
紫芳园三区	13.4	979	490	300
芳星园二区		400	200	270
芳城园三区		508	254	400
合计	63.7	7632	3816	2133

如上表1所示，按不考虑以后的停车需求，则车位需求约800~1000辆。

2.2 居民意见反馈

常规居住区停车改造方案一般包括现有停车场改造、拆迁改造和公共绿地改造等方式，这些改造方式可以在一定程度上缓解了居住区内停车难的问题，但是却存在占用空间大、投资大和占用居民生活用地等问题。针对以上问题需要对居民进行意愿调查，通过调查结构分析居民接受程度。

经调查，方庄老旧居住区60岁以上居民人口占居住区人口总数的30%，如图1所示。由职业情况看出，离退休居民人数占总人数的56%。调查结构可以反映出大部分老旧居住区内居民年龄偏于老龄化，离退休人员比例很高。

根据离退休居民的生活习惯要求，老旧居住区内居民对居住区内公共休闲空间需求较大，对居住区内绿化水平要求也比较高。住宅区内最吸引居民的活动空间就是一些公共健身场所、小区内绿地、社区庭院和小区楼下，如图2所示。

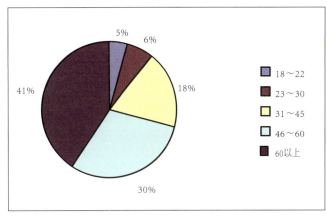

图1　方庄居住区居民年龄组成情况

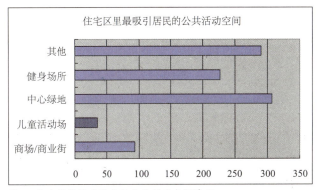

图2　方庄居住区吸引居民公共活动空间情况

根据居民主要有反馈意见，常规停车改造方法虽然解决了一部分停车问题，规范了居住区内道路上的停车行为，但是未满足停车与居民生活空间相互协调的要求，居民公共活动空间依然得不到满足或者变得更少。这是不符合老旧居住区改造的原则。因此，我们需要针对反馈意见进一步分析，给出更加合理的改造方案。

3　基于居民意愿停车改造方案

3.1　利用周边公共设施改造

方庄周边公共交通便利，现途径方庄公交场站的公交线路有14条。在场站周边5km行车距离内，共有10处公交总站（24条公交线路）分布，但是大多为路侧临时停车（白天为路侧临时停车，夜间为路边驻车），考虑到未来发展，预计该地区需要公交停车500辆。

在公交场站建设立体停车场能有效地解决方庄周边公交线路路边临时停车问题。考虑到方庄老旧居住区的具体情况，很难再开发新的空地建设满足需求的停车场，而且，根据居民调查意见，大部分居民不希望占用绿地和公共休闲空间。因此，在方庄公交场站建设立体停车场既能解决方庄居住区停车问题，又能满足公交停车需要，是一个有效的改造方案。

3.2 立体停车场选址

根据目前方庄各公交场站的分布，并考虑老旧居住区覆盖范围，立体停车场考虑在南二环与南三环之间，方庄路以东，紫芳路北侧。西起方庄路东侧绿地，东至规划二路，北起规划 路，南至紫芳路，如图3所示。

图3　用地现状影像图

3.3 停车场建设指标

根据北京市06版控制性详细规划及项目设计方案，方庄公交中心站立体停车场技术指标包括建设面积、停车场设计数量、停车场进出口和停车场外部交通组织等多个方面（见表2）。

停车场改造方案技术指标　　　表2

指标项目		数量	备注
总用地面积		1.85	hm²
总建筑面积		126732	m²
其中	地上建筑面积	80505	m²
	F1-F5 公交停车	77045	m²
	F6 办公	3460	m²
	地下建筑面积	46227	m²
其中	B1-B3 小汽车停车	46227	m²
容积率		4.35	
公交车停车位		18m 370辆	折合12m 标准车564辆
小汽车停车位		1200辆	

1．停车场出入口设置

根据设计方案，停车场共设置6处机动车出入口，其中：在停车场用地西侧的方庄路上设置一处公交车出入口，在用地北侧的规划一路上设置两处公交车出口，在场面用地东侧的规划二路上设置一处社会小汽车入口，在用地南侧的紫芳路上设置一处社会小汽车入口和一处社会小汽车出口，如图4所示。

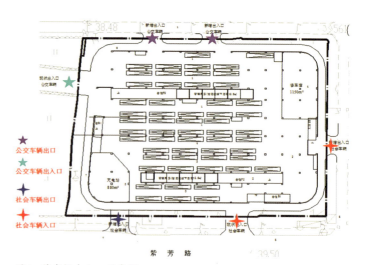

图4　停车场出入口示意图

2．停车场外部交通组织

停车场位于北京中心城南部地区，路网规划较完善，包含了市域过境交通走廊、区域对外交通通道、内部联络线，并且强化了南部地区与旧城的交通联系。

此外，停车场的建设影响范围内在快速路、主干路基础上，规划了较为完善的次干路、支路系统，共同构架出丰台区内道路网络。如图5所示，外部交通组织可以实现停车场生成交通的快捷集散，外部交通组织方案是合理可行的。

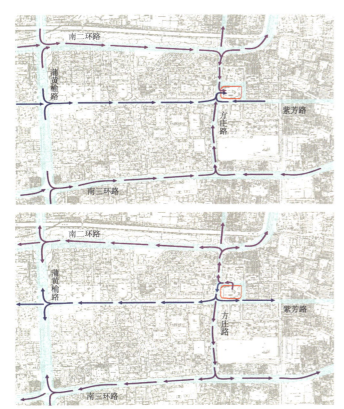

图5 停车场外部交通组织示意图

通过本次交通分析及相应改善措施，促使停车场改造后对方庄地区周边老旧居民小区和公共建筑对停车位的需求，周边的公交占路驻车进行梳理，减小占路驻车对道路交通的影响；将现有场地的车辆保养、行政办公等功能移植入本项目，同时兼顾未来对新能源公交车的要求，预留技术措施条件。

4 综合评价

4.1 停车改善评价

由调查可知当前停车场车位需求约800~1000个，预测得到近几年方庄居住区停车需求可增长至1592个。立体停车场可提供小汽车停车位1200个，大大减少了居住区停车位紧缺的压力，再配合小区内停车设施其他改进方案，小区内停车问题可基本解决。

4.2 绿地及公共空间评价

本着尊重居民意愿的原则，把利用老旧居住区周边公共设施即方庄公交场站停车场作为方庄居住区停车问题的改造方案，是居民评价很高的改造方案。这个改造方案不仅解决了老旧居住区停车难的问题，而且保留了居住区内绿地空间和公共休闲空间，是居民生活环境水平得到合理规划和提高，改造的可实施性也得到提高。

4.3 交通影响评价

改造方案产生和吸引的机动车不仅对临近的道路产生影响，而且对周边一定范围内的道路网也会产生一定影响。根据所建停车场所处的地理位置，结合周边路网的规划，选取其周边的城市快速路或主干路所围合的区域作为本次交通影响评价的研究范围。

交通影响评价的研究区域为：西起蒲黄榆路、东至方庄东路、北起南二环路、南至南三环路，如图6所示。

图6 交通影响评价研究范围

通过交通量分配结果，得到早高峰小时在改造前和改造后各条道路的平均服务水平，其结果如表3所示。

社会早高峰小时道路平均服务水平　　表3

名称	无项目		有项目	
	负荷度	服务水平	负荷度	服务水平
三环主路	0.97	E	0.97	E
蒲黄榆路	0.92	E	0.93	E
二环主路	0.99	E	0.99	E
紫芳路	0.79	C	0.82	D
三环南辅路	0.98	E	0.99	E
三环北辅路	0.97	E	0.98	E
蒲方路	0.88	D	0.89	D
方庄路	0.85	D	0.90	D
芳古路	0.85	D	0.85	D
二环南辅路	0.96	E	0.96	E
二环北辅路	0.85	D	0.85	D
规划一路	0.32	A	0.37	A
规划二路	0.29	A	0.33	A
方庄东路	0.60	A	0.60	A

由上表可以看出停车改造后，停车场周围路网在高峰小时的负荷度基本在可接受范围内，并且影响范围内在快速路、主干路基础上规划了较为完善的次干路、支路系统，共同构架出丰台区内道路网络。外部交通组织可以实现停车场生成交通的快捷集散。

结合停车楼设计方案，场内公交车和社会小汽车交通分别设有单独的出入口和车库出入坡道，交通组织合理有序，停车楼所产生、吸引交通量能够得到快捷集散，周边路网运行较平稳。停车楼的建设虽一定程度上加大了周边局部路段的交通压力，但使周边停车更加有序，道路使用率提高，同时加大了道路交通安全系数。

5　结论

对老旧居住区而言，因其规划时对于小汽车快速增长预估的不足，随着大量的私人小汽车进入家庭，老旧居住区停车问题日益凸显，主要表现在停车空间严重不足，居民生活受到不同程度的影响。用于居住区停车需求测算以及动静态交通规划等方面的方法并不能完全适用于老旧居住区。

基于居民意见反馈的停车改造措施，将老旧居住区内邻里道路、绿地、公共活动空间归还居民使用，将机动车对居民正常生活、交际、休闲的影响降至最小，改善社区居住及出行的安宁化交通，构建宜居环境。而且提出了适应老旧小区实际条件的停车改造方案，基本满足随着生活水平日益提高带来的居民对停车设施的需求。结合居民意愿调查反馈的评价方法，对改造方案效果给出了客观的评价。

参考文献：

[1] 胡雅岚. 老旧居住区动、静态交通测评分析[M]. 北京，北京交通大学，2011.6.
[2] http://baike.baidu.com/link?url=CYnuk5M47GGcI0eb-7Qf7IENoPWxeVmVjvHEIMgPiLO_EJXGPrGWiJy5TiA1p_br.
[3] 北京市房管局，方庄住宅区简介.
[4] Elvik R. Area-wide urban traffic calming schemes: a meta-analysis of safety effects[J]. Accident Analysis and Prevention, 2001. 33(3): 327-336.
[5] 胡湘明. 关于解决旧居住区机动车停放问题的研究[D]. 江苏南京，东南大学，2007.
[6] 李伟，谷一桢. 北京老居住区停车改善方案编制研究[J]. 规划设计，2008，7：75-79.
[7] 王倩. 旧住区停车问题的研究和解决方法[J]. 山西建筑，2009，35（9）：20-22.
[8] 张鹏. 青岛市居住区停车问题研究[M]. 山东青岛，中国海洋大学，2009.5.

停车资讯

《包头市城市机动车停车场管理暂行办法》实施，无证停车场一律停止收费

据内蒙古晨报记者报道称，2013年11月1日起，《包头市城市机动车停车场管理暂行办法》（以下简称《暂行办法》）正式实施，未取得相关证照的停车场，一律停止非法经营活动。在《暂行办法》生效前，已经取得价格主管部门合法收费证且在有效期内的，可继续从事停车场经营。

SM城市广场建设可拆卸停车楼新增近500个停车位

据厦门网记者了解，2013年11月6日，厦门最大同时也是福建省唯一一座可拆卸的钢结构停车楼将在SM城市广场一期开建，工程将于2014年完工并投入使用，届时将能为SM城市广场再添496个停车位。目前，SM一期有超过1000个免费地面停车位，24小时开放。该停车楼建成后，将能提供496个停车位，也将24小时开放，将极大缓解今后SM三期的建设可能带来的停车问题。

SM一期有关部门表示，目前停车楼尚没有收费要求。至于车辆进出停车楼的方式，今后会和SM一期其余的停车位一起由营运部统一进行管理。

占道停车特许经营2014年试点

2013年底前北京市出台三个文件专管路侧停车，预计占道停车特许经营办法将于2014年在东城区试点。此外，市还将开展违法停车专项治理，把停车秩序纳入城区考核，未来新建小区有望一户一车位。

停车卡指引停车空位一目了然

进入停车场，绕了几圈也找不到停车位，相信许多司机都有过类似的经历。据报道，日前，由三位大学生组成的设计小组就带来了一个能解决这个问题的实用设计。这个设计是在停车卡上面印制了停车场位置图，取卡时机器就会用黑色填满空格区域，告诉你可用的停车位具体位置。一卡在手，既节省了寻找车位的时间，凭卡也能十分容易找到自己的车。

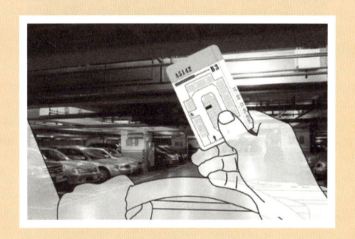

厦门将实现智慧停车拨电话寻找停车位

据报道，2014年年底前，厦门将建成智慧停车数据平台，用户可通过手机、平板等终端查询

停车场车位等相关信息。该数据平台建成后，用户将可以通过手机终端、微信平台、车载终端、语音短信等多种方式，查询停车场车位情况。如果目的停车场无剩余车位，诱导子系统将自动搜索周边停车场的车位情况，并综合停车便利性、距离等多种因素，将车辆诱导到最合适的停车场。

未来车位信息发布的渠道将包括：厦门市停车场公众服务网(tc.xmjs.gov.cn)、手机客户端、"968890"语音电话、车载导航终端、设置于停车场入口处的三级诱导屏、四桥一隧的情报板、城市道路上的停车诱导屏等。其中，厦门市停车场公众服务网已建成使用。"118114"、"12580"、"116114"已与"968890"声讯对接，用户已可通过"968890"声讯平台查询停车场位置、空余车位情况等。

北京为刹住"停车乱象"出台《机动车停车管理办法》

北京市机动车保有量已从2001年的195万辆增加到目前的约540万辆，但正式停车位仅约276万个。为了避免给"黑停车场"、"黑停车位"提供空间，刹住"停车乱象"，2013年，北京正式出台了《机动车停车管理办法》，提出建立统一的停车场信息管理和发布系统，对停车泊位进行编号，对停车场信息实行动态管理，并实时公布向社会开放的停车场分布位置、使用状况、泊位数量等情况，为市民提供动态出行信息。

停车一天要交285元停车费贵过"罚单"

2013年12月18日，深圳市交通运输委公布了《深圳市路边临时停车收费管理方案》，该方案选择竹子林片区、福田中心区南片区、南山中心区及罗湖田贝片区作为路边停车收费的试点，在此片区内，路边临时停车位收费时段为早7点30分至晚上22时，收费标准为工作日首半小时5元，半小时后每半小时10元。照此标准计算，市民如果此区域的路边停车一整天，需缴纳的停车费高达285元。

市民认为，路边停车收费事关深圳近300万辆车及车主的利益，如果不能做到公开透明，必将后患无穷。如此重要的收费政策，交通部门应在抛出方案的同时，做好相应的解释说明工作，让市民能更好地理解其内容与意义。

2013年12月28日，深圳市交委将举行路边临时停车收费管理方案听证会，刚刚公布的《深圳市路边停车收费方案》是此次听证会的唯一选项。

北京非正规停车超80% 路边停车位成了谁的奶酪？

停车的混乱无序，加剧了城市中心区的交通拥堵。据2013年9月市政府披露的数据，北京市非正规停车比例超过80%。2013年12月，中国网记者查阅到的文件显示：2011年4月前，北京市四环路内绝大部分路侧车位的占道费是每位每年1300多元，四环外车位每位每年200多元，低于小区内居民停车收费。2011年4月起，北京为调控机动车使用频率而大幅提高非居住区占道停车价格，也相应调整了对经营停车公司收取的停车占道费标准。

停车引发消费习惯改变

随着新商场业态的崛起，老牌商场的优势不断减弱。据调查，经常行走在广佛两地购物的市民根据自己的购物经历认为，近8年佛山老牌本土商场很难再让人惊喜。以前刚刚改革开放，商业处于开始期，但现在那么多商场，很难说固定去哪家。而随着汽车数量的增加，停车成为近些年来市民选择商场的一个重要考量。2013年12月23日，佛山日报记者采访中发现大多市民倾向去停车更加方便的商场。

杭州停车收费员也能考证了

今后，杭州的道路停车收费员也能像老人护理、竹笛制作等其他职业一样，按照国家职业技能标准初级相应模块进行考核。

据钱江晚报记者了解，像杭州这样对道路停车收费(管理)员实行专项职业技能鉴定在全国还算首创。2013年12月27日，首批50名停车收费(管理)员经过了正式技能培训，通过了考核鉴定。再过段时间，他们就能拿到初级专项职业能力证书了。

北京多处黑停车场违规收费称"不怕被检查"

2014年1月2日，崇文门内大街与崇文门西大街交口东北侧，黑停车场收费员在向车主收费

2014年1月2日，朝阳区枣子营街，一名身穿橘黄色制服的女子询问车主是否办理停车证。事实上，该处停车场的经营备案证已过期。（摘自新京报）

2014年1月1日开始，《北京市机动车停车管理办法》正式施行，这个针对北京"停车难"问题出台的新政提出了诸多号称"史上最严"的办法。

《办法》规定，"黑停车位"最高将被处1万元罚金。但昨日，新京报记者走访东城、朝阳、丰台等多个地点发现，黑停车场违规收费现象仍然存在，一些收费员甚至直言"我们就是黑停车场"、"不怕被检查"。

杭州首座大型停车楼将在2014年上半年建成

据杭州网记者2014年1月16日报道称，近年来，杭州正在想尽各种招数缓解停车难，建停车楼就是一个新概念。记者从下城区建设局得到了一个好消息，作为杭州首座政府投资的大型停车楼，和平广场公共停车楼将在2014年上半年建成。

停车楼外部洋气十足

停车楼呈圆三角造型,有6层共450个停车位

英国拟让肥胖人群免费停车 享受残障人士特权

在英国,只要获得这样一张蓝色徽章,残障人士可以获得免费停车权利。据外媒报道,英国近日出台一项新举措,肥胖人士通过申请认定为"健康障碍"后,将收到一张蓝色徽章,可以与其他残障人士一样获得免费停车的权利。

此项政策一出,部分英国民众对此表示质疑,有人认为肥胖是因为自身原因导致,不应该给予特权,但医生也表示,有些人肥胖是因为天生基因缺陷,他们与其他残障人士一样,确有严重的身体疾病。

10万张临停卡帮你停车

2014年1月27日,重庆商报记者了解到,为解决乱停乱放造成的道路受阻、市民出行不便等问题,渝北警方印制了10万张临停温馨提示卡。2014年1月25日,交巡警把3万余份温馨提示卡作为新年礼物,送到了市民手上。该卡不仅温馨提示司机留下电话供他人联系,还印制了交巡警支队报警电话、交通违法查询电话等,司机遇到交通管理方面的问题,均可打电话,很快就会得到民警的帮助和服务。

深圳将提高医院非就医停车收费标准

为缓解医院停车难问题,深圳市交通委在2014年4月17日发布的"大型综合医院交通综合改善工作方案"中透露,深圳将提高医院非就医的停车收费标准,消除与周边社会停车收费差距,把停放时间等进一步细化分类,实行梯级收费标准,适度引导出行需求。深圳各大型医院周边区域道路,未来也将逐步纳入路边停车收费管理区域。同时，计划在准确评估医院停车缺口及周边承载力基础上，适度增加停车供给。

据中国新闻网记者了解，深圳路边停车收费试点即将于7月正式启动。竹子林等四个片区是首批试点片区。深圳各大型医院周边区域道路，未来也将逐步纳入路边停车收费管理区域。田贝片区被列为首批试点区域的理由之一即是片区内有市人民医院，具有典型意义。

支付宝钱包北京试点收停车费

2014年4月3日，新浪科技发表报道称，支付宝钱包已经和第三方服务商"无忧停车"合作，在北京正式展开"智能停车"项目试点。目前清华科技园、北京人民医院、世茂百货3个停车场已经实现了通过高清摄像头识别车牌号、支付宝钱包公众号自动计费并交费的"不停车通行"体验。

除此之外，北京、上海和杭州的车友登录支付宝钱包中的无忧停车公众服务号，还可以查看附近的停车场，北京地区还会显示空余停车位信息。